Chère école

Mémoire de maîtres Paroles d'élèves…

L'ENFANT GATE
POUR VOS BAPTÊMES
COMMUNIONS, FIANÇAILLES, MARIAGES
Offrez des DRAGÉES
INSCRIPTION GRATUITE à partir de 15 boites
Actuellement 5% de REMISE
SURPRISES
0 NF 50
Nuts

106
CHAPELLERIE DES
Bascan

332
S 1

M.P.P.

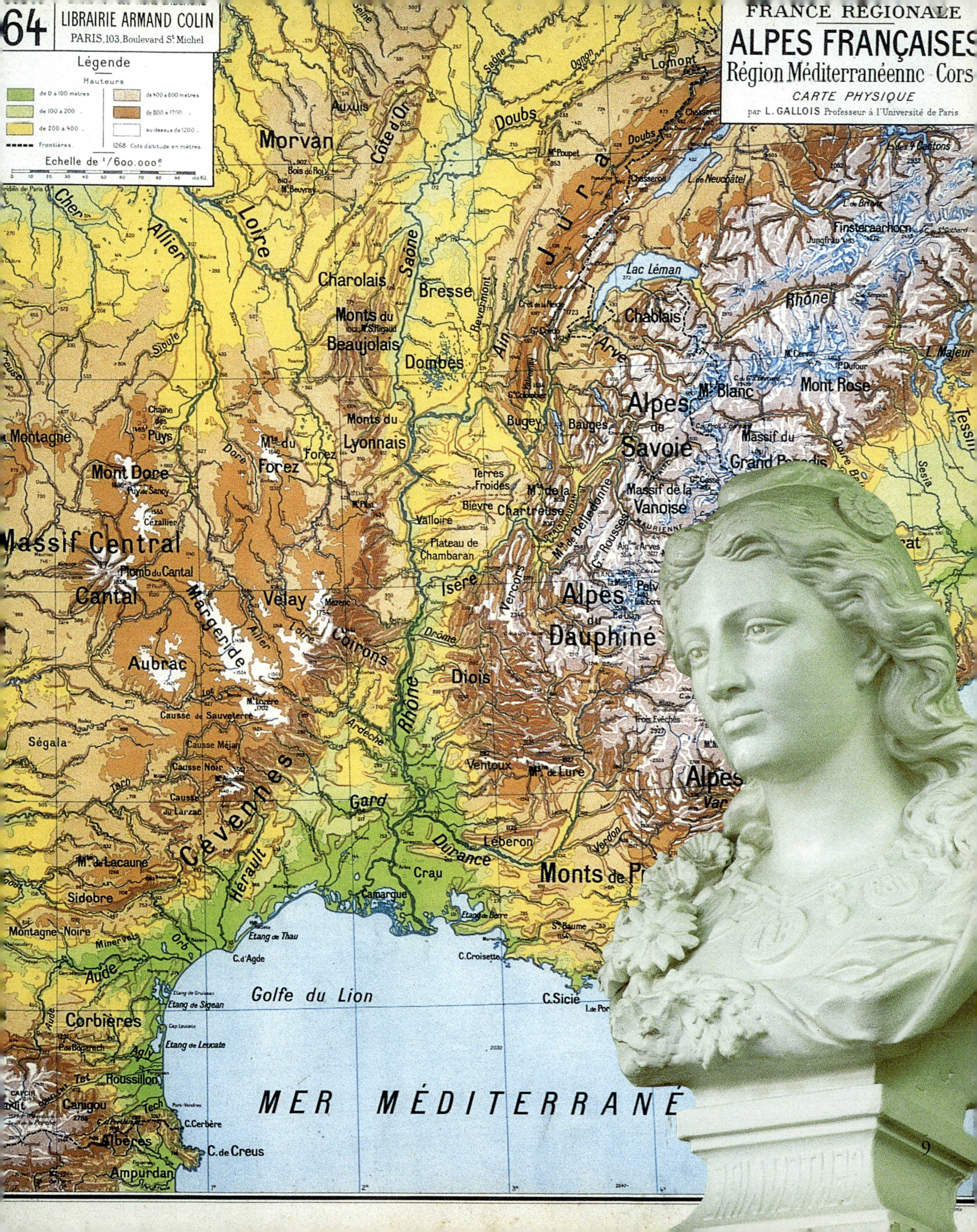

64
LIBRAIRIE ARMAND COLIN
PARIS, 103, Boulevard St Michel
Légende
Hauteurs
Frontières
Echelle de 1/600.000e
FRANCE REGIONALE
ALPES FRANÇAISES
Région Méditerranéenne Cors
CARTE PHYSIQUE
par L. GALLOIS Professeur à l'Université de Paris.
Morvan
Côte d'Or
Doubs
Jura
Loire
Allier
Saône
Charolais
Bresse
Monts du Beaujolais
Dombes
Lac Léman
Chablais
Rhône
Mont Rose
Mt Blanc
Alpes de Savoie
Monts du Lyonnais
Forez
Mont Dore
Massif Central
Cantal
Velay
Margeride
Aubrac
Coirons
Isère
Alpes du Dauphiné
Vercors
Diois
Chartreuse
Massif de la Vanoise
Cévennes
Gard
Durance
Ventoux
Léberon
Crau
Camargue
Monts de Pr
Golfe du Lion
Etang de Thau
Corbières
Roussillon
Canigou
C. de Creus
MER MÉDITERRANÉ

UTILISATION DES LOCAUX SCOLAIRES

Deux principes fondamentaux dominent cette question :

1. L'école, y compris ses annexes et dépendances, est grevée d'une affectation permanente. Elle est faite pour le service scolaire, elle ne doit être utilisée à d'autres fins qu'à titre exceptionnel, avec l'autorisation du préfet et après avis de l'inspecteur d'Académie. Même lorsqu'elle est inoccupée en totalité ou partiellement, le maire et le Conseil municipal n'ont pas le droit d'en changer eux-même la destination. Cette situation ne peut prendre fin que par désaffectation officielle des bâtiments, en vertu d'une délibération favorable du Conseil municipal approuvée par le préfet après avis de l'inspecteur d'Académie.

2. Le règlement scolaire fait à l'instituteur une obligation d'assurer la garde des locaux scolaires et d'en interdire l'accès et l'utilisation à toute personne ou association étrangère au service scolaire.

Cette situation exige de l'instituteur de la fermeté, du tact, de la prudence. Il doit être particulièrement soucieux d'**interdire l'accès de l'école**, pendant les heures de classe, à toute personne non préposée par la loi à la surveillance de cette école, y compris les parents d'élèves. Ses obligations professionnelles constituent un motif nécessaire et suffisant pour opposer un refus courtois mais ferme à toute démarche venant de l'extérieur. Inversement, l'instituteur ne doit, sous aucun prétexte et sous peine d'engager gravement sa responsabilité, laisser ses élèves sans surveillance pendant les heures de classe. Tout cela est relativement facile à respecter.

Utilisation extra-scolaire — Par contre, directeurs ou chargés d'écoles éprouvent fréquemment des ennuis du fait des nombreuses demandes d'utilisation des locaux scolaires en semaine ou le dimanche par des associations locales.

Ces réunions peuvent être classées en deux catégories :

1. Celles qui sont organisées par des œuvres scolaires ou post-scolaires.

2. Celles qui sont projetées par des associations extra-scolaires.

Les premières doivent obtenir facilement l'accès des locaux scolaires ou de leurs dépendances ; pour les autres, cette utilisation doit revêtir un caractère exceptionnel et s'entourer de très sérieuses garanties.

Dans tous les cas, il convient que les responsables de l'œuvre adressent à l'autorité préfectorale une **demande d'autorisation au moins 15 jours avant la date prévue pour la manifestation.** Cette demande doit toujours être revêtue de l'avis du maire et, pour les sociétés extra-scolaires, de celui de l'instituteur. D'autre part, le programme de la réunion ou représentation doit être donné avec précision. Il convient, en effet, d'établir que rien dans ce programme n'est susceptible de porter atteinte au principe fondamental de **stricte neutralité politique et religieuse** qui caractérise l'école publique. Enfin, toutes précisions utiles doivent être données en ce qui concerne l'observation des règles de l'**hygiène** (remise en état des locaux utilisés) et de la **sécurité** (incendie).

Il convient de noter que cette jurisprudence est valable en permanence, **y compris les périodes pendant lesquelles les écoles vaquent.** Sans doute est-il plus facile de concéder l'usage d'un local scolaire à une association pendant les vacances, mais les garanties exigibles au triple point de vue de la neutralité, de l'hygiène et de la sécurité restent entières.

Utilisation par les services publics — Enfin, l'instituteur qui a la garde d'une école ne doit pas ignorer que l'école peut servir pour assurer certains services publics (bureau de vote, conseil de revision...) et que le préau peut être utilisé en période électorale officiellement ouverte pour des réunions électorales.

Dans le même ordre d'idées, nous rappellerons que, si l'instituteur s'absente pendant les vacances, il doit remettre la clef des locaux scolaires au maire pour le cas où des événements imprévisibles obligeraient le représentant de la commune à y pénétrer en qualité d'administrateur des biens communaux. L'instituteur a la garde de l'école. Cette garde lui crée une responsabilité qui ne cesse pas du fait de son absence.

MARS 1955

L	28	7 s Thomas d'Aquin	14 ste Mathilde	21 PRINTEMPS	28 s Gontran
M	1 ste Eudoxie	8 s Jean de D.	15 s Zacharie	22 ste Léa	29 s Jonas
M	2 s Simplice	9 ste Françoise	16 s Cyriaque	23 s Victorien	30 s Amédée
J	3 s Marin	10 40 Martyrs	17 MI-CARÊME	24 s Gabriel	31 s Benjamin
V	4 s Casimir	11 s Euloge	18 s Alexandre	25 Annonciation	NOTES
S	5 s Adrien	12 s Grégoire	19 s Joseph	26 s Emmanuel	
D	6 Reminescere	13 Oculi	20 Lætare	27 Passion	

CALENDRIER ARMAND COLIN

MESSAGER
100f
200f
60f
15f
10f

Préface

Après avoir demandé à ses auditeurs de fouiller leurs archives (*Paroles de poilus*) puis de dévoiler leur correspondance avec des personnes privées de liberté (*Paroles de détenus*), Radio France leur a suggéré cette fois de prendre eux-mêmes la plume et d'écrire « au professeur ou à l'élève » qui avait pu marquer leur vie, en bien ou en mal…

On le voit, l'exercice est à chaque fois différent, mais il s'agit toujours de solliciter des millions de personnes afin de leur demander de faire ressortir des traces, des témoignages représentatifs de notre mémoire collective et des moments forts de notre histoire ou de notre vie… Radio France et France BLEU rappellent ainsi que, d'une certaine façon, ce sont aussi et surtout les auditeurs qui « font » la radio lorsqu'ils l'écoutent.

Deux mille lettres sont venues constituer le corpus qui a permis de composer ce livre, ainsi que ses retombées radiophoniques : elles ont été écrites principalement par des hommes et par des femmes qui ont fréquenté le monde de l'école, du collège et du lycée entre 1950 et 1970, et qui ont composé les vagues successives du « baby boom ».

Ces textes écrits à des professeurs ou à des élèves, le plus souvent disparus ou perdus de vue, véhiculent toute la magie, toute l'intimité, tout cet étrange mélange de bonheur et de nostalgie, d'images, de réminiscences et de regrets qui composent la trame des souvenirs d'enfance, des souvenirs de jeunesse et des souvenirs d'école. Les documents personnels envoyés par leurs auteurs — photos de classes, cahiers, devoirs, carnets de notes, livres de prix, objets et petits trésors personnels — en témoignent.

Il ne s'agissait pas de donner pour autant dans la mièvrerie facile et convenue de l'eau de rose et des images d'Épinal.

Qu'elles soient marquées du sceau du plaisir, de la gratitude et de l'émerveillement ou de celui de la souffrance et de la déception, ces lettres témoignent toutes de la vibration de l'âme de leurs auteurs. Elles ont la force, la puissance et parfois la démesure des rêves vécus ou des espérances trahies, des moments de délices et des moments de cruauté, des instants de douceur et des instants de violence qui composent le chemin de l'enfance et de l'adolescence. Qu'elles soient positives, ou négatives, elles témoignent toujours d'une formidable envie de vie, d'une étonnante gourmandise de découvertes, de liberté, de sensations et d'ouverture sur le monde. Elles portent dans leurs lignes la marque composite de nos premières amours et de nos premières larmes.

Cet ouvrage ne prétend en aucune manière résumer à lui seul l'univers de l'école ni le système éducatif. Il ne cherche ni à en dresser un portrait idyllique, ni à en faire le procès. Il doit être considéré comme une sorte de grand album de famille collectif, sans doute lacunaire, mais qui a le mérite de faire revivre les bons et les mauvais souvenirs des générations d'élèves qui fréquentèrent une école qui n'était ni celle des « hussards » de la République, ni celle du vingt et unième siècle naissant, et qui est trop souvent oubliée dans les livres qui mettent en scène les souvenirs scolaires.

Il ne faisait pas bon être gaucher, dyslexique, surdoué, ou cas social avant ce mois de mai 1968 qui célébra dans la rue le commencement de la fin des années soixante : et n'en déplaise à tous ceux qui pensent depuis des siècles que « tout fout le camp », qu'il n'y aurait plus de jeunesse, et que le « niveau » n'en finirait pas de baisser, l'école continue à faire de formidables progrès. La psychologie, la sociologie, les sciences de l'éducation sont aujourd'hui prises en compte dans un univers qui se contenta pendant trop longtemps d'analyser l'échec comme une punition, de l'utiliser comme un outil de sélection, et d'orchestrer les conséquences parfois très lourdes d'une distinction très sommaire et trop précoce entre « bons » et

« mauvais » élèves, graines, à n'en pas douter, de futurs « bons » ou de futurs « mauvais » citoyens…

Ces textes font mentir quelques idées reçues… Les enseignants des années cinquante ou soixante ne sont plus des « hussards ». Ils sont le plus souvent issus de classes moyennes ou privilégiées. Il leur arrive — quelles que soient leurs idées politiques — d'éprouver une certaine forme de vertige devant la marée des fils d'employés, d'ouvriers ou de banlieusards qui montent en masse et de façon progressive à l'assaut de ces cloisons restées longtemps trop étanches et qui séparaient école, collège, lycée et université…
Qu'il s'agisse de la période des « hussards », de celle du « baby boom » ou de la période actuelle, la violence n'est pas née d'aujourd'hui dans le milieu scolaire. Elle a pendant longtemps relevé d'un monopole : celui de certains « pédagogues » qui eurent tendance à l'utiliser comme une technique de dressage ou d'éducation… Il est donc peut-être faux de prétendre que la violence aurait fait irruption en milieu scolaire depuis quelques décennies : elle y aurait tout au plus en partie changé de mains…

Il semble en fait trop facile d'accuser l'école de tous les maux dont souffre la cité : l'école n'est rien d'autre que le reflet d'une société dont elle recèle à la fois le côté miel et le côté vinaigre… Elle est en outre le lieu où les souvenirs et les sentiments se fixent de façon durable et s'exacerbent avec le recul. Elle accompagne en grande partie la phase de construction de la personne humaine, et nous avons tendance à lui attribuer parfois trop vite la raison de nos réussites et de nos échecs.

Nous commettons souvent la même erreur : nous jugeons le système éducatif d'aujourd'hui à l'aune de nos souvenirs, comme si l'on pouvait raisonnablement comparer un système qui guidait 8 % d'une classe d'âge au niveau d'un bac unique en 1958 à un système qui fait aujourd'hui la même chose pour 79 % d'une classe d'âge accédant à des bacs différenciés… Depuis 1968, le nombre de collégiens et de lycéens a été multiplié par 3,5… On a construit en France un collège par jour ouvrable entre 1965 et 1975… Depuis quarante ans nos moules et nos références se sont volatilisés au point qu'il est aujourd'hui devenu impossible de prétendre qu'il existerait un modèle uniforme de structure familiale susceptible de cohabiter avec un modèle uniforme d'école…

Malgré toutes ces différences, il est un point commun entre le système éducatif d'aujourd'hui et celui d'avant-hier : il est le tout premier lieu de socialisation, d'apprentissage du groupe et de la vie en société… Comme toute structure de vie en communauté, il n'est donc pas formaté pour faire du sur-mesure : il est aujourd'hui à l'image du système hospitalier, du système judiciaire, du système carcéral ou de notre système de santé ; son défi consiste à délivrer des services de masse sans pour autant broyer les individus et sans cesser d'être ce qu'il a toujours été et qui lui donne tout son sens : de l'école à l'université, le sys-tème éducatif doit continuer à évoluer comme un monde préservé, un port, un refuge dynamique à la fois préliminaire, préparatoire et mitoyen par rapport à la vie hauturière qui est celle du monde du travail. Un endroit où l'on a le temps d'accéder au savoir sans avoir pour autant à finaliser sa démarche en fonction de considérations économiques ou mercantiles. Un endroit où l'on apprend à ouvrir son esprit, à satisfaire sa curiosité, à développer son sens de l'esprit critique vis-à-vis de toute forme d'autorité, vis-à-vis du pouvoir de la violence et de celui de l'argent. Un lieu d'ouverture sur les autres et d'apprentissage de l'humanisme. Un univers où l'on découvre qu'il ne faut jamais se résigner à accepter la réalité et la brutalité de cette loi de la jungle qui caractérise trop souvent l'homme lorsqu'il vit en meute, et qui est parfois érigée en règle et en exemple par le monde de l'entreprise…

Éduquer l'être humain, c'est peut-être lui enseigner que l'« être » est supérieur au « paraître » et ne se résume par à l'« avoir ». C'est peut-être lui apprendre le respect inconditionnel de la dignité humaine ; c'est peut-être lui prouver, par notre éthique quotidienne dans notre vie d'enseigné, dans notre vie d'enseignant, dans notre vie de citoyen, dans notre vie privée ou dans notre vie professionnelle, que le refus raisonné de la loi du plus fort résume à lui seul le principe essentiel qui nous protège de la barbarie…

Jean-Pierre Guéno

Chère école

Mémoire de maîtres Paroles d'élèves…

Arc-en-Ciel

Quand le soleil s'étire entre les bras de la pluie, il arrive que la lumière s'unisse à l'eau pour tisser l'espace d'un moment la gamme irisée des sept couleurs d'un arc-en-ciel : « rainbow », arc de pluie en anglais, « arco iris » en espagnol… Le phénomène est éphémère : ses nuances subtiles tiennent à la fois de l'alchimie visuelle et de l'effet d'optique. Elles nous montrent ce que nous ne voyons pas ; elles viennent transposer sur la terre le reflet, la trace et la lueur d'un paradis voilé qui se découvre un instant, en même temps que montent les senteurs de fins d'averses, sur les chemins humides ou dans les rues trempées.

L'arc-en-ciel brille alors comme un pont de sourires, de ritournelles enfantines, d'éclats de rires et de larmes, entre l'ici et l'ailleurs, entre l'en deçà et l'au-delà, entre l'ici-bas et l'au-dessus, entre les instants de la vie, entre l'avant et l'après. Il exprime dans la gamme de ses couleurs toute la palette des sentiments humains. Il semble recéler à la fois les clefs du regard et celles du savoir comme si chacune de ses teintes évoquait l'une des facettes de ce passage qui nous permet de nous construire dans cette parenthèse furtive qui sépare la petite enfance de l'âge adulte…

Il nous faudra tirer parti de la réalité provisoire de ce pont des soupirs pour enjamber le gouffre qui sépare le ventre et les caresses d'une mère des gestes et du ventre d'une amante… Il nous faudra l'adresse ou la maladresse, le savoir ou l'ignorance de ces maîtres indispensables, de ces passeurs d'images, de chiffres et de mots, qui nous ouvriront les portes de la connaissance, du désir et de la mémoire en même temps qu'ils nous ouvriront celles de la violence, de la solitude et de l'oubli…

Et que les murs des écoles aient constitué pour nous les limbes protectrices d'un havre de bonheur et de paix ou les limites rébarbatives d'une prison morne et fastidieuse, au-delà même du plaisir et de l'ennui, au-delà des bons et des mauvais moments, au-delà de nos premiers baisers comme de nos premières morsures, au-delà du vert de l'espérance, au-delà du rouge de la violence, du jaune de l'humiliation, au-delà du bleu du réconfort, de l'orange de la sensualité, au-delà de l'indigo de l'exclusion et du violet de la transcendance, nous garderons de ces temps passés l'ineffable nostalgie qui rattache toujours l'homme à la source perdue de son enfance.

989 AG 35

ECO

Vert paradis

Vert paradis ; espérance ; vert confiance ; couleur du Graal ; couleur de l'insouciance, de la fertilité, de la naissance et de la renaissance… Couleur de la liberté soudaine des printemps éphémères…
Il est l'enfant timide qui vient de franchir une porte. Son âme est ouverte, même si son cœur est lourd. Soudainement, sa petite enfance s'est faite lointaine. Son cœur est tendu, si tendu qu'il pourrait s'arrêter de battre. Dans son cartable, la trousse est neuve, les cahiers vierges et les livres couverts ; tout est en ordre, comme pour mieux conjurer le chaos de l'angoisse qui le ronge et se matérialise dans cette boule imaginaire qui l'empêche de déglutir, ou dans les tentacules de cette pieuvre implacable qui semble étouffer ses entrailles.
Dans quelques minutes, le destin va sonner ; il aura le timbre d'une cloche ou d'une sonnerie électrique. Un son qui rythmera ses heures de classe pendant plusieurs années. Une petite musique stridente qui chantera à la fois la fin des cours, la fin des vacances et celle du temps imparti pour les examens ; comme pour lui rappeler en permanence l'ambiguïté du temps qui passe, du temps qui libère et qui contraint. Et son âme est ouverte, même si son cœur est lourd.
Cette main qui s'est refermée sur le vide lorsque sa mère a tourné les talons pour s'en aller rejoindre les méandres d'une journée presque ordinaire, dans la vie des adultes, il la tend à présent vers les autres sans qu'ils s'en aperçoivent… Elle est à l'image de son attente ; de son espoir ; de l'infinie confiance qu'il mise si généreusement à l'orée de ce monde neuf.

9. Mettre la table - 10. Préparation des aliments
METTRE LA TABLE
1950
BOURGOGNE
1er CRUS
ÉDITIONS ROSSIGNOL

En face, mon école primaire : École Pasteur ; c'est écrit en lettres d'imprimerie sur la façade à côté de la grande porte d'entrée, dans un carré blanc, comme sur un écran de cinéma. Il fait froid, j'ai encore sommeil et j'ai mal au ventre — ce matin ma mère m'a fait boire un grand bol de café noir avec deux jaunes d'œufs battus dedans. Il faut que je prenne des forces. Ma mère m'a acheté un nouveau cartable en cuir qui sent bon, un pull Jacquard, des souliers noirs et, pour la première fois, un stylo-plume à pompe avec une bouteille d'encre bleu nuit.

Christian

Le moment était venu de l'inévitable meurtre, l'homme devait tuer le garçon inconsolable, puis s'envoler comme un papillon en abandonnant la chrysalide. Quittant les brumes, le chaos, les troubles effusions, les tourbillons, les tumultes et les courants, je devais me peigner, m'arranger, entrer dans la vie sociale des adultes et discuter avec eux.

Witold Gombrowicz, Ferdydurke

Matin de rentrée : appréhension, sourires crispés, larmes contenues ; on cherche dans la bousculade, la liste fixée sur la porte, qui sera désormais la seule issue autorisée pendant de longs mois ; on trouve ; un vague rang s'organise, tant bien que mal, avant de parvenir enfin à sa forme définitive ; la cloche ; silence ; on s'immobilise, on guette…

Il est là, venu de nulle part. Je le reconnais immédiatement, moi qui ne l'ai jamais vu. C'est un petit homme rond, au visage poupin, aux yeux bleus à la fois attentifs et rêveurs ; ses cheveux bouclés grisonnant discrètement et dissimulant subtilement une calvitie naissante. La voix sonore est bien timbrée, forte sans être menaçante, à peine teintée de lassitude.

Très vite, il nous entraîne dans l'escalier. Nous pénétrons dans « sa » classe, vaste salle vieillotte, un peu triste ; les hautes fenêtres dispensent une lumière pâle comme un soleil levant, dans laquelle flotte une sorte de nostalgie.

Le petit homme est devenu grand, juché sur une estrade minutieusement cirée. Pourtant, il ne nous toise pas et, dans son regard, il y a de l'émotion, de l'espoir, peut-être l'écho lointain d'une souffrance ancienne. Je n'ai plus peur, je suis bien.

Claude

Le seuil franchi, dans la petite antichambre où à chaque crochet étaient suspendues des épaisseurs de manteaux de couleurs diverses, il avait déjà oublié la peur comme on oublie un fardeau qui pèse sur le corps ; grâce, certainement, à l'une de ses institutrices dont il sentit tout de suite qu'elle l'avait vu une fois pour toutes. Cette vieille femme possédait l'art du regard qui scrute et subjugue par tout ce qu'il contient d'accueil et d'hospitalité : et jamais il ne se sentit observé, ni encore moins percé à jour.

Peter Handke, Histoire d'enfant

Madame G. me ravissait par son élégance dans les tons de gris que n'étouffait pas une blouse toujours fraîchement repassée. Son visage était encadré de beaux cheveux blanc-gris crantés et éveillé par de la poudre de riz et un rouge à lèvres vif. L'hiver, elle portait des petites bottines à talons en daim noir soigneusement lacées. J'ai oublié la couleur de ses yeux, mais elle incarnait et incarne toujours pour moi ce que je ne savais pas nommer alors : la distinction.

Marie-Claude

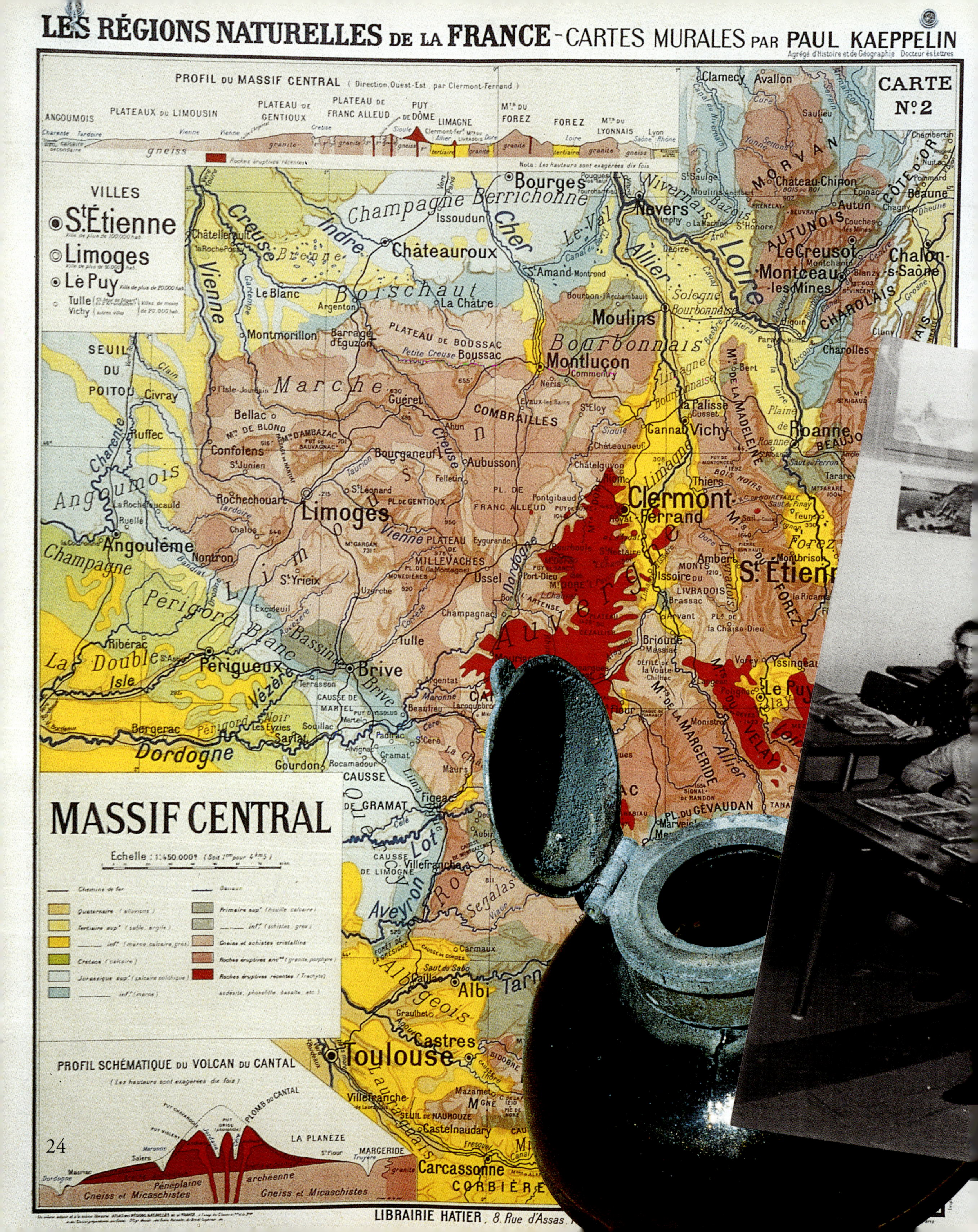
LES RÉGIONS NATURELLES DE LA FRANCE - CARTES MURALES PAR PAUL KAEPPELIN
Agrégé d'Histoire et de Géographie Docteur ès Lettres
CARTE N°2
PROFIL DU MASSIF CENTRAL (Direction Ouest-Est, par Clermont-Ferrand)
VILLES
St Étienne
Limoges
Le Puy
Tulle
Vichy
MASSIF CENTRAL
Echelle : 1:450.000e
PROFIL SCHÉMATIQUE DU VOLCAN DU CANTAL
LIBRAIRIE HATIER, 8, Rue d'Assas
Bourges
Nevers
Châteauroux
Moulins
Montluçon
Clermont-Ferrand
Limoges
Périgueux
Brive
Angoulême
Le Puy
Toulouse
Albi
Castres
Carcassonne
Roanne
Vichy
Le Creusot
Montceau-les-Mines
Chalon-s-Saône
MORVAN
Marche
Limousin
Auvergne
Bourbonnais
Champagne Berrichonne
Angoumois
Périgord Blanc
Albigeois
Loire
Allier
Dordogne
Cher
Vienne
Creuse
Aveyron
Lot
Tarn

Je les ai enfin vus ! Mes poulpes à moi. C'est vrai qu'une fois, il y a longtemps, j'avais désigné mes futurs élèves ainsi. En fait, expérience faite, je les comparerais plutôt à des vagues. C'est du moins l'effet qu'ils m'ont fait aujourd'hui. Je les connais à peine. C'était jusqu'à maintenant des noms d'une liste. C'est à peine si ces premières heures ont suffi à en faire des visages. Pour moi, c'était un flot de voix et d'émotions qui semblait remuer doucement devant moi, et dont je sentais le mouvement de va-et-vient s'aventurant parfois à cogner contre le bureau sur lequel ma nouvelle fonction de capitaine m'avait fait échoir. Des vagues vivantes, comme le sont les vagues d'un océa, pas une mer, mais un grand océan qui tour à tour murmure et gronde, coulant doucement sur le sable, puis soudain éclatant comme scandalisé par la découverte d'un nouveau navire. Je sentais mes vagues remuer sous mes paroles. Je crois que c'est cela qui m'a le plus impressionnée : les vagues qui bougeaient devant moi étaient vivantes !

Des mouvements de vagues ne sont pas suffisants pour savoir ce qu'ils ont bien pu penser de moi. Ce que je sais, c'est que j'ai été bien maladroite. Je ne sais pas s'ils l'ont vu. Je m'efforçais de ne pas leur montrer mes hésitations. En fait, je ne sais pas ce que je dois penser de cette première journée. Je ne sais quelle image ils ont reçue de moi. On se regarde en coin, se demandant si on va rugir ou applaudir. J'ai presque hâte d'être à demain. Pour savoir quelle sera la météo marine…

Eva

Je me souviens du moindre détail de ma classe et de ce qui s'y passait. D'abord de l'encrier de porcelaine que nous remplissions chaque lundi avec un broc affecté à cet usage : encre violette bien sûr, qui laissait sur le bord blanc une auréole évoquant pour moi le feuillage d'un arbre. De mon plumier ensuite qui était en bois verni, avec un paysage peint sur le couvercle. Il contenait de nombreux trésors, des gommes, toutes aussi délicieuses les unes que les autres — qui n'en a pas mangé ? —, des porte-plumes en bois ou en plastique avec parfois, au milieu, une lentille lumineuse au fond de laquelle apparaissait un personnage de légende ou le Mont-Saint-Michel, un crayon à ardoise noire, avec sa bague dorée, qui maintenait le fin bâton de pierre servant à écrire et dont j'entends encore le grincement, des crayons de couleurs à l'odeur délicate, que sais-je encore ?

Le tableau était noir, bien sûr, et nous l'effacions à tour de rôle, non pas avec ces brosses de feutre qui furent si efficaces plus tard, mais avec un chiffon dont la poussière de craie faisait naître de petits nuages délicieusement âcres. Aux murs étaient accrochées de belles cartes de France, quelques-unes en relief, pour la géographie ; d'autres plus simples étaient destinées aux leçons de choses qui ont disparu aujourd'hui, comme si les choses ne donnaient pas de meilleurs leçons que les hommes.

Christian Signol, Bonheur d'enfance.

ARENS

55 60 70 80 90 105 120 140 160
ZENITH
STEREO
RECORDING
PLAY-BACK
BALANCE
TONE
START
STOP
Stereo

Description de la classe.

Notre classe est au 1er étage ; au loin, par les fenêtres [...] voit la colline de Bregille et plus au Sud la ville au [...]nd de sa cuvette, au pied de la Citadelle.

Il y a dix huit tables qui sont rangées en trois [...]lonnes devant le grand tableau vert.

Les murs de la classe sont crème et les boiseries [...]ert clair et crème (ceux du haut vert clair, ceux du bas [...]rème). Elle est grande : elle a huit mètres soixante de [...]long et six mètres soixante neuf de large. Aux murs [...]sont accrochées des cartes géographiques.

La façade Est est réservée aux fenêtres donnant sur la cour.

On a un aquarium avec un appareil filtreur et une pompe marchant à l'électricité, un terrarium, un poste de radio, un guide chant, une horloge, deux grands tableaux d'isorel où l'on affiche les meilleurs dessins au fond de la classe.

On trouve à l'ouest la porte, une rangée de fenêtres qui donnent sur le couloir et au dessous desquelles nous avons des gravures sur les Châteaux de la Renaissance et des images représentant les villages, les habitudes des noirs (Afrique-Noire).

Nous avons deux radiateurs ; nous sommes éclairées par des tubes au néon. Huit fichiers disposés sur les ta[...] inoccupées du fond de la classe.

Sur le bureau de la maîtresse un pot d'aspar[...] au dessus de l'armoire un asparagus.

A côté du bureau un tableau mural est affiché sur [...] porte qui communique avec la classe voisine ; un baromètre et un thermomètre incrusté dans une feuille de vigne en bois, sont accroch[...] [...]dre de la porte.

Elle est belle notre classe.

C'était un petit homme au regard de taupe, derrière des culs de bouteille qui n'avaient sûrement pas agrandi le trou de la sécu. Il avait les lèvres minces et le sourire effacé. Il circulait sur un vieux scooter gris qui nous paraissait excitant telle la monture du septième ciel.
Nous étions en 1964… il y a un siècle.
Quand on rentrait le matin dans la vieille classe de septième, il y avait une chaude ambiance poussiéreuse. Il avait préparé soigneusement l'atmosphère en remplissant de bois le vieux poêle rouillé et en disposant par-dessus une bonne couche d'écorces d'oranges qui crépitaient en répandant une odeur suave, qui chassait les brumes de la nuit.
Le poêle était à droite, une longue estrade en bois usé rejoignait le bureau du maître, de l'autre côté : celui des fenêtres à petits carreaux. Et derrière le bureau, dans le coin gauche, il y avait un placard : caverne d'Ali Baba, qu'il remplissait de trésors d'origines inconnues. Tantôt il en sortait des bons-points pour encourager les bonnes notes, tantôt c'était un rond en chocolat d'Aiguebelle, tantôt un petit cadeau qu'il avait fait lui-même.
Je me souviendrai toujours du *Voilier Royal* peint et gravé sur le bois que je reçus après une difficile composition : c'était le premier qu'il faisait, c'était le plus beau !
En récré, il aimait bien jouer au foot dans la poussière, mais il savait quitter le jeu pour parler avec un élève exclu ou solitaire. À l'automne notre grand jeu c'était de « cramer » les feuilles de platanes entassées un peu partout dans la cour. Il ne disait rien, il veillait au grain. Tous, nous avions des petites loupes qui permettaient de focaliser les rayons du soleil. Les allumettes et les briquets étaient bien sûr interdits, et il ne nous serait même pas venu à l'esprit d'en apporter. Il y avait aussi les petits bonhommes qui remontaient les ficelles mais seuls ceux qui avaient de l'argent de poche pouvaient se les procurer. Le trafic de billes allait bon train, et nous pouvions modeler à notre goût cette terre, sans manteau.
Il était pourtant sévère, et ne tolérait aucun chahut. Tout le monde le respectait et craignait de le mettre en colère. Cela n'arrivait d'ailleurs presque plus. Parfois on s'oubliait et l'on se retrouvait au coin, derrière le poêle, et certains se retournaient en cachette pour remettre des peaux d'orange dessus.
Il préférait donner des friandises à ceux qui faisaient des efforts que des punitions aux turbulents. Son placard était inépuisable… Nos bras n'étaient jamais assez longs lorsque nous levions le doigt pour répondre à ses questions. Jamais je n'ai aussi bien travaillé : ce n'était pas pour les chocolats mais c'était pour lui faire plaisir !
En français j'étais imbattable : aucune conjugaison n'arrivait à me rebuter. Depuis j'ai oublié mon français, mais je n'ai pas oublié son bras sur mes épaules lorsqu'il me serrait contre son côté pour me féliciter…
Il a dû prendre sa retraite peu d'années après, il n'était plus là quand un nouveau bâtiment a poussé dans notre cour et que l'ancien a été fermé. Je ne l'ai plus revu, je ne sais pas s'il est retourné dans son pays : la Tchécoslovaquie. Il faisait le trajet tous les ans aux grandes vacances avec son scooter.
Le vieux bâtiment au bord de l'écroulement a été rasé. Il reste un établissement ordinaire, ouvert à tous les vents, sans horaires, sans cloche, sans tranquillité et sans surprise. La Tchécoslovaquie n'est plus et Avignon a des airs de métropole yankee.

Mon fils est en septième cette année. J'avais dix ans à l'époque : c'est un âge magique mais qu'ai-je à lui offrir ? Il n'y a plus de poêle dans les classes, les friandises abondent, les cours sont goudronnées, et les feuilles aspirées à grand bruit de tronçonneuse. Pas question d'y mettre le feu.
Il me reste des histoires : des histoires d'un autre temps, un temps d'ailleurs, de gens différents, des gens simples et qu'on trouvait normal de fréquenter. Maintenant ils nous manquent… C'étaient des hommes rares, des cractères d'exception. Il en reste des traces au fond de ma mémoire comme le souvenir d'une autre vie, d'un paradis perdu.

François

Calvet-Rogniat
Calvet-Rogniat
petit pois
la belette

Rouge violence

Rouge violence ; couleur de l'enfer…

Il lui faut apprendre à vivre avec les autres. Il va devoir comprendre qu'ils sont à son image et peuvent avoir en groupe une attitude opposée à celle qu'il avait cru percevoir dans ses relations personnelles… Souvenez-vous du premier ami que le troupeau vous a fait perdre à tout jamais…

L'homme en société porte un masque… Un masque dont il pense qu'il le protège, qu'il lui donne une contenance, qu'il lui permet d'affronter le grand carnaval de la vie… Parfois il aura le sentiment fugitif d'avoir entraperçu ce qui pouvait se cacher sous le masque des autres, lorsqu'ils oublient de jouer le rôle qu'ils se sont donné par lassitude ou par étourderie, sous l'effet de la surprise, ou sous le poids du deuil et sous celui de la détresse…
Il faut apprendre à vivre avec les autres : savoir où et quand griffer, mordre, écraser, savoir où et comment lâcher, concéder, abdiquer, mentir, tromper, trahir…

Rouge, couleur du sang de la honte qui monte au front et colore les oreilles. Rouge, couleur de la force, du tribunal, de la colère et de la violence. Rouge, couleur de la note, de l'évaluation, de la sanction, de la disqualification.

« Lorsque j'étais petit, bien avant la Seconde Guerre mondiale, la récréation a toujours été vécue par mon frère et moi comme […] le retour à la loi de la jungle, et je peux même dire quelque chose qui a probablement dominé toute ma vie : j'ai expérimenté là, dans la cour de récréation, quand j'avais de cinq à dix ans, une telle guerre, une telle violence que, premièrement j'étais content de revenir en classe lorsque la cloche sonnait, mais que, deuxièmement, j'ai trouvé que dans la classe régnait la même violence, à la différence près que dans la cour, je recevais des coups de poing, et que dans la classe, comme j'étais le premier, c'était moi qui dominais. »

Michel Serres

Les images que je garde, moi, du chahut, n'ont rien perdu de leur effroyable netteté, ni de leur insupportable violence. J'entends encore les cris, parfois même les hurlements des élèves déchaînés, je vois les feuilles roulées en boule voler dans la classe, ou être jetées par terre, ou encore lancées, exprès, à côté de la poubelle, les boulettes de papier mâché qui s'écrasent contre le tableau, sur les murs, partout, les chaises reculées bruyamment, voire renversées, les pieds qui raclent le sol en laissant de grandes traînées noires, les ricanements venus de je ne sais où, les règles métalliques qu'une main invisible fait tomber, non pas une fois, mais dix fois de suite…
Il n'y a dans la classe ni gentils ni méchants, c'est-à-dire pas d'élèves attentifs et dociles dûment identifiés - rien qu'une masse indistincte. Mais tous participent directement à la curée ou se contentent de prendre plaisir au spectacle, tous s'y complaisent, …
Lorsque la cloche sonne, au bout d'une éternité pendant laquelle je n'ose même pas regarder ma montre, il y a une horde de sauvages qui, sans un regard pour moi, se bousculent, se ruent sur la porte, dévalent les escaliers en hurlant.
Et, après les cours, le cauchemar n'est pas pour autant terminé. Ma classe ne ressemble à aucune autre. Il reste les traces du chahut, traces aussi impossibles à faire disparaître que les taches de sang sur la clé de l'épouse de Barbe-Bleue. Dans un silence que j'imagine semblable à celui qui suit les bombardements ou les tremblements de terre, combien de fois j'ai laissé mon regard errer le long des murs salis, sur les tables de travers, les chaises renversées, les taches d'encre par terre et sur les bureaux, les papiers qui jonchent le sol, le tableau où les mots à la craie se mêlent aux éclaboussures des boulettes de papier. La réalité du chahut, pour moi, elle s'inscrit là aussi, dans ce saccage, dans cette classe qui n'a plus rien d'une classe, mais tout d'un champ de bataille lorsqu'il ne reste plus que les trous des obus, et les cadavres à enlever. Ce spectacle-là, je n'ai jamais pu l'oublier.

Chantal-Cambronne-Desvignes

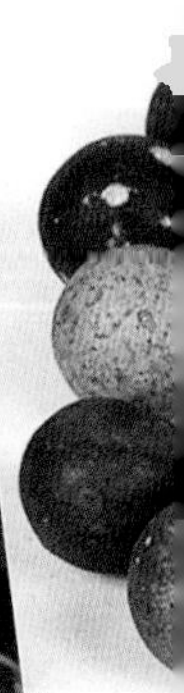

Je sens qu'il y a quelque chose qui ne va pas. J'ai l'impression qu'ils me prennent pour une martienne, comme si je ne vivais pas sur leur planète ! Ils ne comprennent pas ce que je dis, ne prennent presque pas de notes, et me regardent, sceptiques. Quand ils ne parlent pas, j'en vois plein qui bâillent aux corneilles - et c'est une expression à prendre au pied de la lettre : ils bâillent tellement fort qu'une corneille pourrait entrer dans leur bouche. Et puis ils discutent - et pas seulement avec moi. J'ai un mal fou à leur faire lever le doigt avant de prendre la parole, ou à leur expliquer qu'on ne peut pas définir un mot en commençant par « c'est un truc qui… ». Je me demande bien pourquoi je me suis donné tant de mal à apprendre autant de choses ces dernières années. À croire que tout ce que j'ai appris ne me sert aujourd'hui à rien. Ce que je fais avec mes poulpes n'a aucun rapport avec ce que j'ai pu apprendre à l'université et dans les livres. Pour qu'ils comprennent, je simplifie tellement que j'en viens presque à dire des choses fausses. J'ai du mal à comprendre comment leur parler. Il paraît que c'est normal. Que tous les profs se posent ce genre de questions.

Eva

Je me rappelle votre silhouette, une image très précise, tache indélébile dans ma mémoire. Vos moustaches noires, vos cheveux secs, secs et sombres, qui cachaient mal une calvitie naissante. Vos doigts longs, noueux et couverts de craie, secs aussi. Vos sandales portées avec des chaussettes brunes. Vos gilets, vos pantalons, votre voix, vos manies, vos méthodes, dans mon souvenir vous êtes un avatar de la Troisième République. Terne, strict, autoritaire. Violent. Convulsif.

J'avais pourtant la chance, moi, de réussir et comprendre assez facilement. Une ou deux fois seulement vous m'avez frappée à la nuque. Une seule fois vous m'avez envoyée derrière le tableau noir. Seule place où l'on échappait à votre regard fou, mais pas à vos cris. Je me souviens. Oui oui, je me souviens. Il fallait faire attention, à chaque seconde, attention à tout et à n'importe quoi. L'anxiété qui croissait en moi, en nous, quand nous arrivions à la dernière page d'un cahier. Il fallait alors aller à votre bureau, en demander un nouveau. Lentement, méthodiquement, vous regardiez chaque page, guettant les espaces libres. Pour pouvoir hurler, nous accuser de gâcher et nous renvoyer à notre place avec une punition, et de la peur. Pour six lignes laissées blanches. Il y avait aussi les chaises qui volaient au travers de la salle, les pupitres que vous vidiez lorsque vous étiez pris, soudain, de fureur et de folie. Pour un mot chuchoté à l'oreille du voisin. Il y avait les craies, les éponges mouillées jetées à la figure, les oreilles tirées fort. Pour un « s » de pluriel oublié. Et ce mythe auquel tous nous croyions fermement, ce mythe de l'oreille, tirée tellement brutalement que vous l'aviez arrachée, et qu'elle reposait là-haut, sur l'armoire poussiéreuse au fond de la classe. Entre un écureuil empaillé dont vous étiez très fier et qui nous attristait, et le bocal… Le bocal, je me souviens, rempli d'un liquide jaunâtre et trouble, et dans lequel flottait un serpent mort. Vous l'avez posé sous le nez d'une petite fille qui ne voulait, ne pouvait pas comprendre comment on lisait l'heure.

Il y avait… des leçons d'histoire, j'en garde encore des phrases précises, des images aussi. CE1 : les châteaux forts. Quel bon conteur vous étiez : on faisait bouillir de l'huile, ou de l'eau, et puis on la déversait sur les hommes qui prenaient d'assaut les remparts. Leur peau fondait, ils hurlaient de douleur, ils tombaient. Illustrations jaunies à l'appui, grandes, fixées dans ma tête… Je me souviens d'une leçon sur le système solaire, expliquée magnifiquement à l'aide de ballons de handball. Je me souviens d'une bulle de chewing-gum, gonflée inconsciemment, éclatée, et que vous avez fait semblant de ne pas entendre. Sauvée. Je me souviens que vous ne nous avez jamais appris à écrire les K majuscules. Je me souviens de votre patience avec David, gamin un peu fêlé et très malade. Je me souviens du coussin que vous posiez sur le banc, dans la cour de récréation, avant de vous asseoir. De la manière dont vous frappiez dans vos mains pour que nous nous mettions en rang par deux. Si ce n'était pas droit, pas bien rangé, pas silencieux, vous nous colliez au mur de la cour, puis il fallait revenir calmement, parfaitement. Sinon, on recommençait. Et vous criiez. Et nous frissonnions.

Je me souviens d'avoir eu mal au ventre, tous les jours, avant d'aller à l'école. D'avoir tendu le dos dès que vous étiez derrière moi dans la classe. Jamais nous ne savions ce que vous vous apprêtiez à faire. Une gifle ? Un froncement de sourcil ? Un sourire ? Jamais nous ne pouvions deviner quelle allait être votre réaction. Si je bouge, que va-t-il faire ? Est-ce qu'il va crier si je décroise les bras pour me gratter le nez ? Ça me chatouille, mais il va me punir. Mon stylo n'écrit plus. Mais peut-être qu'il reste un peu d'encre. Il faut que j'essaie encore de le faire marcher. Ou bien il faut le changer tout de suite, sinon il va me disputer parce que j'ai trop attendu. M. Firquet : vous avez été un maître, en effet. Un maître, parce que vous m'avez appris : appris à craindre l'arbitraire des adultes, appris à me méfier, appris à garder le silence et à croiser les bras, pour éviter votre violence, appris à ne rien comprendre aux règles du jeu social, à ne rien comprendre à l'être humain et à ses sautes d'humeur, ses injustices. Et puis vous m'avez fait comprendre la faiblesse de l'autorité sans aucun fondement, l'idiotie des punitions gratuites, la vulnérabilité des grandes personnes parfois aussi méchantes que des enfants, le non-sens des normes imposées au hasard. L'absurdité. Jamais je n'ai compris si vous étiez un sadique ou un homme malheureux. À la crainte se mêlaient des moments de magie. Des sourires remplaçaient parfois les cris. Les jeux du samedi matin faisaient oublier les punitions des autres jours. Mais vous restez dans ma mémoire comme ce serpent dans son bocal. Visqueux, grisâtre, répugnant. C'est dommage.

Louisa

TABLE DE MULTIPLICATION
2 fois 1 ... 2
2 fois 2 ... 4
2 fois 3 ... 6
2 fois 4 ... 8
2 fois 5 ... 10
2 fois 6 ... 12
2 fois 7 ... 14
2 fois 8 ... 16
2 fois 9 ... 18
2 fois 10 ... 20
3 fois 1 ... 3
3 fois 2 ... 6
3 fois 3 ... 9
3 fois 4 ... 12
3 fois 5 ... 15
3 fois 6 ... 18
3 fois 7 ... 21
5 fois 1 ... 5
5 fois 2 ... 10
5 fois 3 ... 15
5 fois 4 ... 20
5 fois 5 ... 25

La salle se pétrifiait. L'appelé se mettait debout, lentement lui aussi, plaquait lui aussi les bras le long du corps. Là, en plein silence, restait trois possibilités : soit la maîtresse levait le bras et désignait le coin puant, le piquet nord (murmures d'approbation) ; soit elle allait vers le placard où attendaient les cahiers au dos et le bonnet d'âne (murmures de soulagement) ; soit elle épelait une seconde fois, en détachant chaque lettre, le nom du fautif, et là c'était fini, plus d'espoir, plus de murmure du tout. Le cachot.

On avançait, on ne demandait pas grâce. On marchait d'un pas mécanique jusqu'au bureau. On défaisait sa blouse - suprême dégradation - et, courbé en deux, en chemise et culottes courtes, on se glissait dans les cloisons du bureau de l'amicale laïque. On prenait place au plus profond de la geôle.

Mlle Barthélemy se rasseyait sur sa chaise à tubulures et allongeait ses jambes. Elle les avait longues et puissantes comme des poteaux, les jambes. Quand le puni se garait mal, il recevait deux avertissements : un coup de chaussure dans le plexus solaire, et les tubulures du fauteuil sur ses orteils. Pas de cri, pas de protestation… La Barthé tirait les portes coulissantes qui fermaient le meuble sur le devant et serrait les cuisses. L'obscurité se faisait, le silence aussi. Et là, peu à peu, cachot fermé, l'odeur venait, insidieuse, entêtante, affolante, toute baignée d'une moiteur étrange. Les heures semblaient des siècles.

Yves Bichet, Terres froides

Je vous dois le plus horrible et le plus fort de la vie.

Catherine

Vous me faisiez peur, terriblement peur ; peur à ne pas dormir, peur à ne pas pouvoir articuler un son. Comment une si petite personne pouvait-elle contenir tant de puissance ?

Maria

Je me permets de vous dire que c'est de vous que j'avais peur et que de cette façon, je ne trouvais pas mes mots, et je n'arrivais pas à écrire sans faire de fautes.

Jeanne

J'ai sept ans et la taille d'une élève de maternelle. Trop petite pour sauter à la corde. Trop nulle pour jouer au loup. Trop petite et pas assez grande. Pour tout.

Pascale

Une plainte et la réponse jaillissait : « C'est pour ton bien ! » et mes rouges mouchoirs partaient à la lessive sans soulever la moindre indignation parmi les miens.

Pierre

J'ai traversé la cour déserte sous le soleil. La grille était ouverte, je me suis retourné. Pressé de partir en vacances, un vent chaud en toute hâte balayait le perron, effaçant mes derniers pas, et vous n'étiez plus là.

Pierre

LE HOUNZA
IMMEUBLE
A VENDRE

6A4

idée valable – récit assez vivant et correct

14/20

Vendredi 7 Octobre 1966

Rédaction

Chasse à l'ours.

Sujet de la rédaction

Vous vous êtes sûrement livrés déjà comme les enfants dans le jeu du figuier où le je... perdu
à des jeux ...
avait un rôle ...
la réalité mad...
en évoquant ...
personnages, le...

maladroit, adoptez tout ...

Cela se passe à la campagne dans le jardin de notre maison. Je suis avec un ami. Didier.

Un jour, Didier et moi ne savions que faire. Nous allâmes dans mon domaine à la recherche d'un jeu. Mon domaine c'était un petit coin du jardin où j'avais planté une tente que j'avais fortifiée à ma façon. Mais surtout, je m'étais construit une sorte de bateau, où nous pouvions nous mettre tous les deux, avec une vieille pétrissoire peinte où j'avais cloué des planches en guise de sièges. Avec ce bateau improvisé, qui représentait pour nous une grande barque à moteur et que nous nommions l'Invincible, nous partîmes à la chasse à l'ours à travers l'océan glacial arctique. L'océan, lui n'était que le jardin et l'eau était représentée par le gazon et par les carottes sauvages. Tour à tour, les difficultés se succédaient.

à expliquer

ne dit-on pas pétrin?

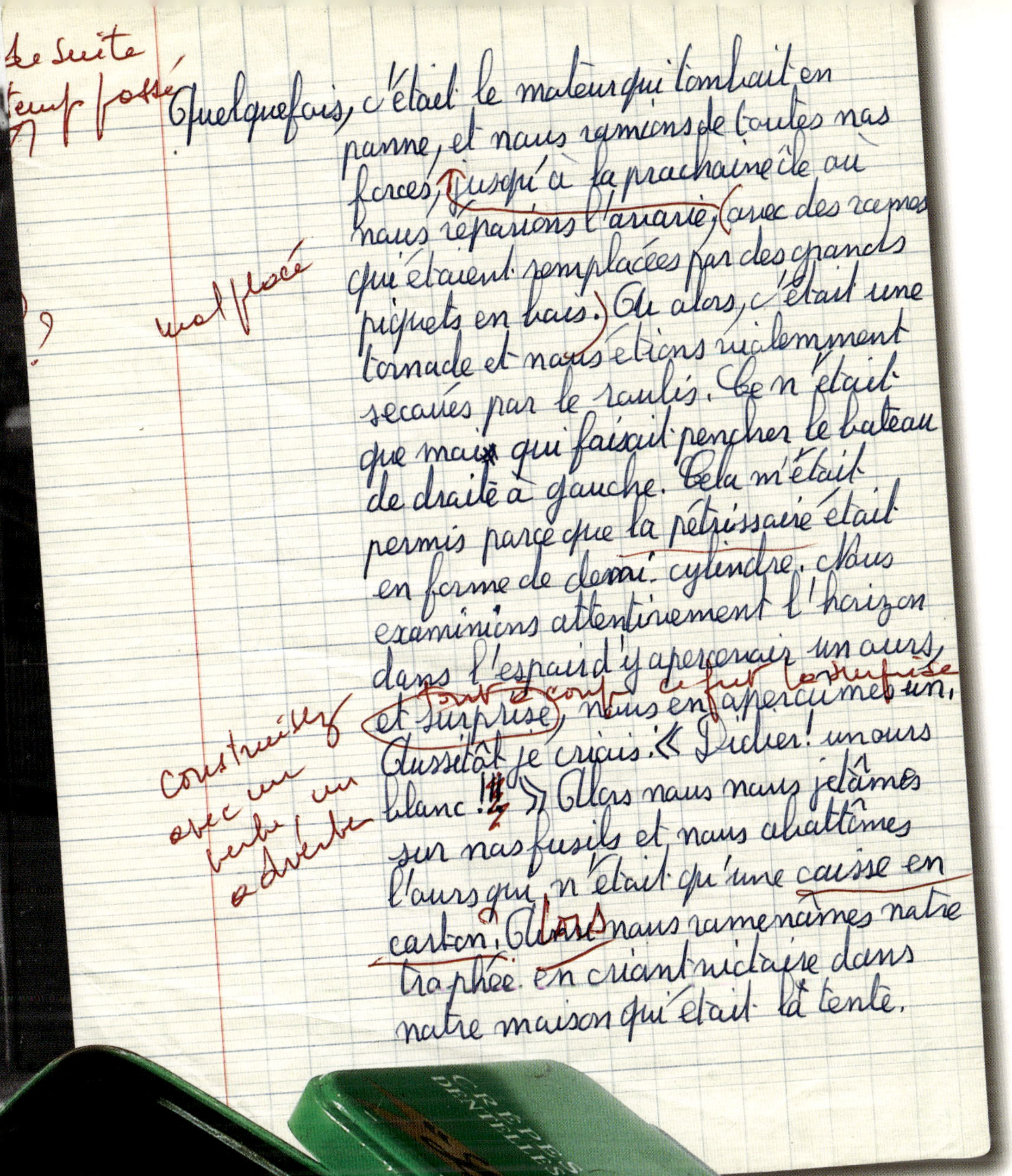

la suite temps passé ?

Quelquefois, c'était le moteur qui tombait en panne, et nous ramions de toutes nos forces, jusqu'à la prochaine île où nous réparions l'avarie, (avec des rames qui étaient remplacées par des grands piquets en bois.) Ou alors, c'était une tornade et nous étions violemment secoués par le roulis. Ce n'était que moi qui faisait pencher le bateau de droite à gauche. Cela m'était permis parce que la pétrissoire était en forme de demi cylindre. Nous examinions attentivement l'horizon dans l'espoir d'y apercevoir un ours, et surprise, nous en aperçûmes un. Aussitôt je criais : « Didier ! un ours blanc !!! » Alors nous nous jetâmes sur nos fusils et nous abattîmes l'ours qui n'était qu'une caisse en carton. Alors nous ramenâmes notre trophée en criant victoire dans notre maison qui était la tente.

mal placé

Tout à coup ce fut la surprise

construisez avec un verbe un adverbe

Dès que je franchissais le seuil de votre classe, ma vie ralentissait puis s'arrêtait. Votre heure de classe était une longue torture, une réclusion à perpétuité. Vous me faisiez peur, terriblement peur : peur à ne pas dormir, peur à ne pas pouvoir articuler un son. Comment une si petite personne, pouvait-elle contenir tant de puissance ? Vous étiez un concentré d'acide et de tranchant. Vos gestes étaient toujours vifs et pointus. Vos paroles ne parlaient pas, elles enterraient ma vie. Et vos yeux surtout qui perçaient mon corps et mon esprit… Vos yeux inquisiteurs qui cherchaient l'erreur, la faute à venir et qui tombaient sur moi lorsque je pensais m'échapper par des rêves d'ailleurs.
Étrangère à votre langue, inapte et irrécupérable, voilà ce que j'étais pour vous. Pourtant, de tout cela, je vous remercie car vous m'avez sans le savoir donné envie de faire votre métier. Pour ne surtout pas vous ressembler.

Maria

Orange saveur

Orange, couleur des sens exacerbés…

Odeur d'eau de Javel sur les planchers décolorés ; odeur d'encre, de craie, de cire d'abeille ; odeur de crayon taillé ; parfum de livres, de gomme et de papier tapi dans l'obscurité de l'armoire à fournitures… Buvards, protège-cahiers…

Orange ; balle de jongleur ; boule ; orange en forme de terre ; couleur du soleil couchant quand il se noie dans la mer ; couleur du fruit défendu qui décidément ne pouvait pas être une pomme, puisqu'il aurait été délicieux pour le croquer de s'acquitter d'un rite préalable : marquer de l'ongle ou de la dent sa gangue amère, au risque d'être aveuglé par l'essence que vaporisent les peaux d'agrumes… Orange, couleur du fruit convoité qui pendant longtemps résuma le charme lointain des contrées exotiques, cadeau de Noël ou étrenne qui semblait porter dans la longitude et dans la latitude de ses quartiers tous les rivages du monde… Orange ; plaisir de retrouver la pulpe de nos promenades anciennes et de laisser sur le bord de la route le fardeau de nos souvenirs acides…

Douceur des petites madeleines de l'enfance, rémanentes ou renouvelées selon les générations : chasse au hanneton, aux marrons ou aux pince-nez sous les arbres de la cour de récréation ; couleur des billes en terre, reflets des billes de verre et poids des calots ou des osselets dans le creux de la main… liasses de bons points échangés contre des images… Sonnerie des heures… Coups de sifflet dans la cour ; bruit de la machine à manivelle du contrôleur sur la plate-forme arrière des bus parisiens…

J'ai longtemps regretté ma rose des sables. C'était le seul ornement de ma chambre d'enfant ; mon père l'avait ramassée dans le désert. Cette fleur de pierre, fille du vent, m'émerveillait. Il m'arrivait de croire que c'était un morceau d'étoile. J'étais un enfant heureux, j'allais en classe avec plaisir, je comprenais tout sans effort.

Mon maître paraissait sévère. Il venait de France, disait-on. Il avait les cheveux gris, les yeux gris. Il arrivait toujours en costume trois-pièces, et, avant d'enfiler sa blouse, posait sur le coin du bureau sa montre de gousset en or qu'il consultait de temps à autre. Le soir, avant l'étude, il me disait de porter cette montre chez lui, je n'ai jamais su pourquoi. C'était pour moi le saint sacrement.

Un jour, il convoqua mes parents. Ils me rapportèrent, me voyant inquiet, qu'il n'avait aucun reproche à me faire, bien au contraire. Il leur avait dit que j'étais un enfant intelligent, qu'il ne faudrait jamais arrêter ma course, quelles que soient les circonstances. Il savait qu'ils étaient pauvres. Le soir même, bien que je n'eusse pas faim, ma part de purée augmenta ; je compris que mon avenir était en route.

On était en juin. Mon père décida, sur les conseils d'un ami arabe, qu'il fallait quitter l'Algérie pour la France : des événements graves se préparaient. Ce fut pour moi un coup de tonnerre. J'avais onze ans, j'avais lu dans les livres qu'il fallait être fort ; j'accusai le coup sans rien laisser paraître. Ainsi, il me fallait quitter ma terre, mes copains, mon instituteur M. Coche ! J'eus envie de lui faire un cadeau d'adieu. Mais quoi ? Je n'avais rien…
C'est alors que je pensai à ma rose des sables. Je l'enveloppai dans du papier journal, et la lui offris à la fin des cours. Il défit le papier, regarda avec intensité, très ému, sans rien me dire. Il posa simplement sa main sur mon épaule ; ce fut pour moi comme un adoubement.
Les années passèrent ; l'image de ce maître s'effaça dans ma mémoire, du moins je le croyais. Je regrettais même cette rose des sables qui résumait, à elle seule, mon enfance. Je devins professeur dans la banlieue parisienne. Dès la première année, j'eus la chance d'avoir un élève kabyle d'une intelligence lumineuse. Il venait de perdre son père, comme moi à son âge ; il avait quinze ans. Je l'aidai de mon mieux à passer ce cap difficile. Je lui disais qu'il avait un bel avenir. Halam Yhaddadène est aujourd'hui médecin chercheur aux États-Unis.

Le dernier jour de classe, comme il allait quitter le collège pour le lycée, il attendit que les autres élèves partent pour m'offrir un cadeau. Je défis le papier journal, sans deviner un seul instant ce qu'il pouvait contenir.
C'était une rose des sables.

Maurice

d'enfant; mon père l'avait
Cette fleur de pierre,
m'émerveillait. Il m'arrivait
c'était un morceau
un enfant heureux, j'allais
plaisir, je comprenais
paraissait sévère. Il
Il avait les cheveux
Il arrivait toujours
pièces et, avant
sur le coin du
et en or qu'il
Le soir, avant
cette montre
C'était
voyant inquiet,
à me faire,

Elle sentait bon, mon école ! Au matin, l'odeur de propre des planchers brossés à grand renfort d'eau de Javel se mêlait à celle de la craie, de l'encre violette que l'on versait d'une bouteille à bouchon-doseur dans les encriers de porcelaine blanche qui faisaient comme de petits puits sur le rebord de nos pupitres. Quand l'élève « de service » versait l'encre, ça faisait un bruit de reniflement et, sale gamine, j'imaginais que de l'encre allait se mettre à couler du nez d'une de mes copines qui reniflait souvent et que nous appelions cruellement « remonte-chandelle ».
À la récréation, la maîtresse descendait « jeter un œil » sur le plat qui mijotait doucement sur le bord de la grosse cuisinière en fonte.
Elle sentait bon, elle bruissait, elle vivait, mon école ! Quand j'étais malade, l'heure de la récréation sonnait comme un glas : de mon lit, j'entendais les rires et les cris libérateurs de mes copines, et parfois je pleurais.

Duska

ECOLE COMMUNALE DE FILLES

Vous m'avez appris à tisser le temps sur mes doigts d'enfant qui sentaient encore l'encre des porte-plumes et la craie des ardoises. Votre école était buissonnière parce qu'elle ne cherchait pas à éteindre ce feu qui pétillait dans nos yeux et qui poussait nos rêves à courir le monde, à battre la campagne, sur les pas de notre imagination, au rythme de la ville qui nous étouffait… Les enfants du quartier n'étaient pas riches. Certains portaient des blouses grises, couleur de cour, couleur des murailles qui nous entouraient. D'autres portaient des blouses bleues, couleur du ciel au-dessus des marronniers qui frissonnaient dans les courants d'air. Ils étaient tous imprégnés par des odeurs de lessive, de mouchoir repassé, de cartable sec et de crayons taillés ; par des effluves de brillantine et de savon de Marseille. Nos billes en terre et les couvercles bombés de nos capsules de Coco Boer avaient la couleur et l'exotisme des cris des filles qui résonnaient dans la cour mitoyenne.

Vous m'avez appris à aimer les dictées, autant que les leçons de choses, et nous effeuillions les mots avec ce même amour, cette même curiosité qui nous poussait à disséquer le coeur des fleurs. Vos yeux brillaient quand vous vous appliquiez à prononcer les consonnes finales, et vous saviez très bien que cette petite tricherie qui n'échappait qu'aux étourdis, nous inciterait toute notre vie à ne pas oublier d'écrire ces lettres muettes, au seul souvenir de votre sourire au coin des lèvres.

Jean-Pierre

Bonne, elle est rose et douce et soyeuse la paume de ta main, plaine de petits plis très plats, sûr, les petits cochons roses, de là sont sortis et la terre noire qui les protégeait, sous l'eau du robinet, tu l'as lavée.
Le reste de ta peau est plus solide, sauf sur les mains où des petites bosses délicates jouent à chaque mouvement de tes doigts ; j'aime tes ongles où de nouveau on voit le rose, le rose de toi.

Ta blouse est bleue, bleue comme le ciel, d'un nylon léger qui bruisse lorsque tu fais glisser la ceinture autour de ta taille.
Ta ceinture, elle ferme avec une boutonnière et un bouton blanc de plastique translucide qui souvent s'échappe ; alors, tu fais un nœud et deux petits bouts de ceinture rebiquent et dansent, dansent autour de toi.

Tes chaussures sont incroyables, oui, tu les as prises à Tartine ou à Daisy ; à la fois trop grandes, pliées dans le bout, et tout à fait bien pour tes pieds.
De tes jambes, on n'en voit pas beaucoup (ta blouse est longue !) ; étrangement écartées, elles sont solides, solides comme du bois, car tu es sûre de toi.

Parfois tu maîtrises un sourire qui finit par gagner et tes lèvres rosissent et se bordent de blanc, c'est le blanc de tes dents !

Mais, quand de tes yeux on voit le blanc et que le noir tourne, tes épaules, tes nénés et tout ton corps se mettent à trembler dans ta blouse, tes lèvres claquent et tu grognes ; alors tu te fâches et tu es très impressionnante ; la première fois que je t'ai vue comme ça, j'ai eu très peur, peur pour toi.

Si des fois sur ton front marron, perplexe, tu poses tes doigts et déposes les traces blanches des empreintes de craie, alors je ris, au-dedans de moi je ris, parce que….tu ne sais pas… Ta peau si particulière? Elle est forte, j'y vois bien les petits trous ; l'été, elle est très noire sur les bras et quand elle se tire, on voit un peu de couleur rouge foncé.
Comme elle sent bon, j'aimerais poser mon nez dessus et respirer, respirer… respirer… une odeur douce que je ne connais pas : c'est l'odeur de toi…

Comme tu me respectes Mme Armède, Maman Armède, ma maîtresse, ton prénom, je ne le connais pas, ta peau noire, je la veux, je la sens… elle seule me donne la plénitude, elle seule me permet de vivre toutes les méchancetés, les mauvais mots, en moi je les prends ; défendre la couleur, la noirceur qui me donnent la vie. Le cadeau que tu me fais, ce n'est pas le blanc, le rose, le bleu, c'est le noir, le noir de toi.

Souvent encore, je sens ma peau colorée, alors c'est le miracle, c'est la vie qui m'est donnée.

Mme Armède, ma maman, si t'avais pu être ma maman, ma vraie, comme j'aurais été fière, fière de toi.

Claude

classe des grands est un ensemble,
formé de sous-ensembles : garçons, filles et maîtresse

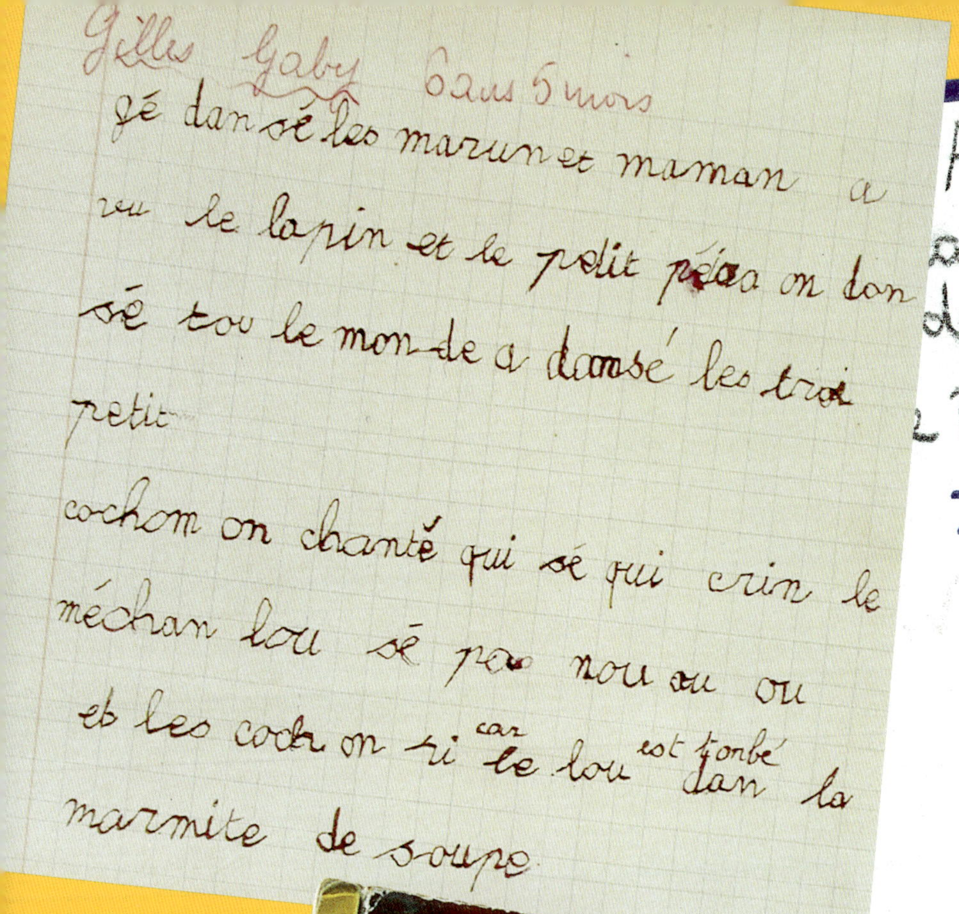

Gilles Gaby 6ans 5 mois
gé dansé les marun et maman a
vu le lapin et le petit péa on dan
sé tou le mon de a dansé les troi
petit
cochon on chanté qui sé qui crin le
méchan lou sé pas nou ou ou
eb les coch on ri car le lou est tonbé dan la
marmite de soupe

Lundi 10 Novembre
Calcul
Effectuez les opérations suivantes:
18,05
- 3,45
14,60
Exercice de vocabulaire

Du plus loin qu'il m'en souvienne, l'ombre de mes odeurs anciennes, c'est ainsi que me reviennent mes odeurs de maternelle. Aucun visage de maîtresse ne reste accroché à mes rivages mais c'est cette odeur douceâtre d'amande un peu amère qui reste gravée dans ma mémoire. Je me délectais de l'odeur d'alcool à ronéotypeuse qui embaumait l'école et j'enfouissais mon visage dans les feuilles que l'on nous distribuait pour m'en délecter et m'en imprégner. Je ne me souviens plus des classes mais de cette salle qui me semblait immense et claire où nous attendions nos mamans et où mon cœur chavirait si je ne la voyais pas arriver par les portes vitrées…
Voici ce qui reste dans ma mémoire, et même si cela n'a pas changé ma vie, je ne crois pas que ce soit le simple hasard si aujourd'hui je suis institutrice de maternelle. Une simple institutrice, sans prétention, aimant les enfants et ne faisant pas de différence entre eux, car les blessures restent bien cachées au fond de soi.

Karmenkru

La cour de récréation me paraissait immense alors qu'elle est minuscule. Il y avait un marronnier au milieu, qui servait aux plus faibles de refuge contre les vagues de l'« épervier », ce jeu qui consistait, pour trois ou quatre garçons aux mains réunies, à empêcher les autres de traverser la cour. Le préau abritait les « cabinets » à l'odeur de Crésyl, et un banc fait d'une poutre posée sur deux pierres. Dans les recoins de la cour, à l'abri des remous, se trouvaient les « terrains de billes », petites bandes de terre où les belles agates et les boulards de fonte se disputaient à l'intérieur d'un triangle la possession des billes simples de couleur.... Cette cour d'école est aujourd'hui désertée. Le préau est à moitié démoli. J'y reviens quelquefois en évitant de respirer trop fort, frôlant des ombres disparues, à l'endroit même où mon instituteur, me serrant la main pour la première fois, me souhaita bonne chance en juillet 1958, l'année du départ.

Christian Signol, Bonheurs d'enfance

LIPS

C'est la leçon de récitation... je regarde la main de la maîtresse, son porte-plume qui descend le long de la liste de noms... hésite... si elle pouvait aller plus bas jusqu'à la lettre T ? ... elle y arrive, sa main s'arrête, elle lève la tête, ses yeux me cherchent, elle m'appelle...

J'aime sentir cette peur légère, cette excitation... je sais très bien le texte par cœur, je ne risque pas de me tromper, d'oublier un seul mot, mais il faut surtout que je parte sur le ton juste... voilà, c'est parti... ne pas faire trop monter, trop descendre ma voix, ne pas la forcer, ne pas la faire vibrer, ça me ferait honte... dans le silence ma voix résonne, les mots se détachent très nets, exactement comme ils doivent être, ils me portent, je me fonds avec eux, mon sentiment de satisfaction... Aucune actrice n'a pu en éprouver de plus intense...

Nathalie Sarraute, Enfance

Que d'odeurs, de visages, de sons, de sentiments, qui resteront à jamais gravés dans ma mémoire… Tous ces souvenirs rejaillissent… La cour et la cloche, les vieux tilleuls, le parfum enivrant de l'herbe fraîchement coupée à l'approche de l'été, le portique géant et nos jeux d'enfant.

Emmanuelle

Le bruit de votre craie sur le petit tableau noir me manque, comme me manque aussi votre parfum, votre chevelure luisante, épaisse et brune qui caressait mes épaules lorsque vous vous penchiez sur moi afin d'apaiser mes craintes.

Lucie

Lorsque je faisais une tache d'encre sur mon petit cahier, la maîtresse y ajoutait des pétales et la transformait en fleur assortie d'un point d'exclamation…

Marie

On jouait aux billes, à la marelle, à la grande barre ou au béret. Et des rondes sans fin que je connais encore par cœur. Deux marronniers et un tilleul dans cette cour d'école de campagne : tout un univers de gosse.

Marie

C'est un souvenir lisse et calme. Une image de quatre années. Il n'en reste pas grand-chose ou plutôt, il m'en reste l'essentiel : le goût des mots et de la vie.

Pierre-Yves

La cloche libère la volée d'enfants blanc-bleu filant vers la grand rue.

Pascale

Quand je vous ai connue, vous êtes devenue un peu ma mère. Vous êtes célibataire sans enfants de chair, mais vous avez des enfants en esprit, vous en avez des centaines !

Mireille

La classe primaire de Don Bosco — t'en souviens-tu — avec ses hautes fenêtres ouvrant sur la cour ; en son centre, l'orgueilleux marronnier témoin de nos galopades, de nos écorchures et de nos cris d'hirondelles.

Pascale

Je ne dois pas rire
Je ne dois pas rire
Je ne dois pas rire
Je ne dois pas rire
Je ne dois pas rire
Je ne dois pas rire
Je ne dois pas rire
Je ne dois pas rire
Je ne dois pas rire
Je ne dois pas rire
mal
papa
papa
papa
papa
papa
papa
papa
papa

Jaune chagrin

Jaune chagrin ; jaune pâle, jaune qui s'éteint ; couleur de la déception, de la délation, de l'humiliation. Jaune couleur de l'étoile mourante qui fleurit sur le cœur et dans le dos des boucs émissaires… Couleur de la mortification… Couleur des trompeurs et des trompés… Couleur des souvenirs flétris, des confiances trahies. Couleur des robes de mariées passées, de l'eau qui pourrit dans les vases, des pommes desséchées et ridées dans les greniers obscurs… Marque de la sueur ou du pipi qui sèche ; couleur des doigts salis par le tabac, des draps souillés et des aubes saumâtres… Des corps embaumés qui dorment sous la terre…

Il était l'enfant timide qui pensait encore trouver forcément chez son maître ou chez sa maîtresse le père ou la mère de substitution… Il était l'enfant perdu qui demandait de l'aide. L'enfant battu qui recherchait une épaule. Il était l'enfant dyslexique qui avait besoin qu'on le rassure. Il était l'enfant gaucher qui ne voulait pas qu'on le rééduque… L'enfant pauvre qui essayait de perdre ses complexes. L'enfant surdoué qui restait incompris… L'enfant incontinent, l'enfant bloqué qui n'osait pas parler…

Mais pour les maîtres comme pour les élèves, il était utile qu'il y ait une créature isolée, un enfant seul, une victime expiatoire, un paratonnerre, un martyr, une bête noire, un souffre-douleur, une tête de Turc, une tête à claques… Un être humain crucifié par les autres et qui devrait supporter les supplices qu'ils auraient su créer pour lui…

SAUVE QUI POUX!
chez les C.P ①

Dans notre classe il y a :

* des élèves
* une maîtresse
* un énorme nounours à la bibliothèque (On est bien pour lire dans ses pattes)

et d'autres petites bestioles que nous n'avons pas invités :

des POUX

● Pourquoi sont-ils ici ?
Ils n'apprendront jamais à lire !
26 élèves, c'est bien suffisant pour la pauvre ~~Maitresse~~ Madame Dell-Era !

On était en train d'apprendre la conjugaison du verbe secourir quand la directrice est entrée accompagnant la préposée aux poux qui portait des ciseaux, un linge blanc et une tondeuse : une de ces méchantes tondeuses de coiffeur en acier, brillante comme un bistouri.
Brusquement Renée Escari a compris. Son regard s'est affolé comme celui d'une bête prise au piège. Elle a essayé de fuir mais la préposée lui a barré la porte. Alors elle a couru en tous sens dans la classe cherchant en vain une issue, se heurtant aux murs, à demi folle de terreur, comme ces oiseaux sauvages qu'on enferme brutalement et qui s'immolent en s'assommant contre les barreaux de leur cage. La directrice l'a arrêtée au moment où elle atteignait l'espagnolette de la fenêtre.

Quel mauvais effet ferait ce titre incongru demain dans le journal : École rue Sainte-Jeanne — une fillette se jette par la fenêtre pendant le cours de grammaire consacré à la conjugaison du verbe secourir »…

La directrice a maintenu solidement Renée Escari, et elle a appelé la préposée aux poux avec son matériel : « Allez-y » a-t-elle ordonné.

Alors Renée s'est mise à hurler en se débattant, des hurlements sauvages et rauques, puis impuissante à se libérer, elle a pleuré, sangloté, supplié, maintenue sur une chaise par la directrice.
L'institutrice désapprouve secrètement ; cela se voit, mais elle est obligée d'obéir à sa supérieure hiérarchique. Et puis, tout de même, les parents ont été prévenus par la note de service.

Dommage ! La mère de Renée Escari ne sait pas lire.

« Ne bouge pas tant, a crié la préposée, sinon je vais te couper le cou. »
Mais Renée Escari n'entend pas ; elle n'entend plus, elle est ailleurs, dans un cauchemar, et ces femmes sont en train de la tuer. Et de fait, elles massacrent quelque chose de cette petite fille misérable, quelque chose qui pourrait s'appeler « sa dignité ». Sa dignité qu'on balaie là, maintenant, avec les mèches brunes qui jonchent le sol.
La classe est médusée. Renée Escari est tondue. Complètement rasée. Vaincue, humiliée, elle pleure silencieusement maintenant, en baissant la tête, et on ne voit plus d'elle que son crâne saccagé et nu marqué des traces maladroites de la tondeuse.

Anne-Marie

Mercredi 1er octobre
Mathématiques
Vous me faites l'effet d'un drôle d'élève !!
Écriture
Opérations
Calcul
Dictée
Grammaire
Conjugaison
Phrases
Vocabulaire
Récitation
Leçons et appli
Observations.
Depuis d
ne fait plus r
sont dans la l
L'institute
Total 37
50 lignes pour la tenue du cahier
Dictée
Soir de Noël
Le temps était gris.
rchait près de ma mère
qui me tenaient par la mai
n, forçant mes petites jam
es de sept ans par grandes ha
te d' arrivaient car la
pauvre femme mesures son
C'est a
j'avais
a notre voisine
e faites tous les ans
la chapelle qu'il
tardait de la soir

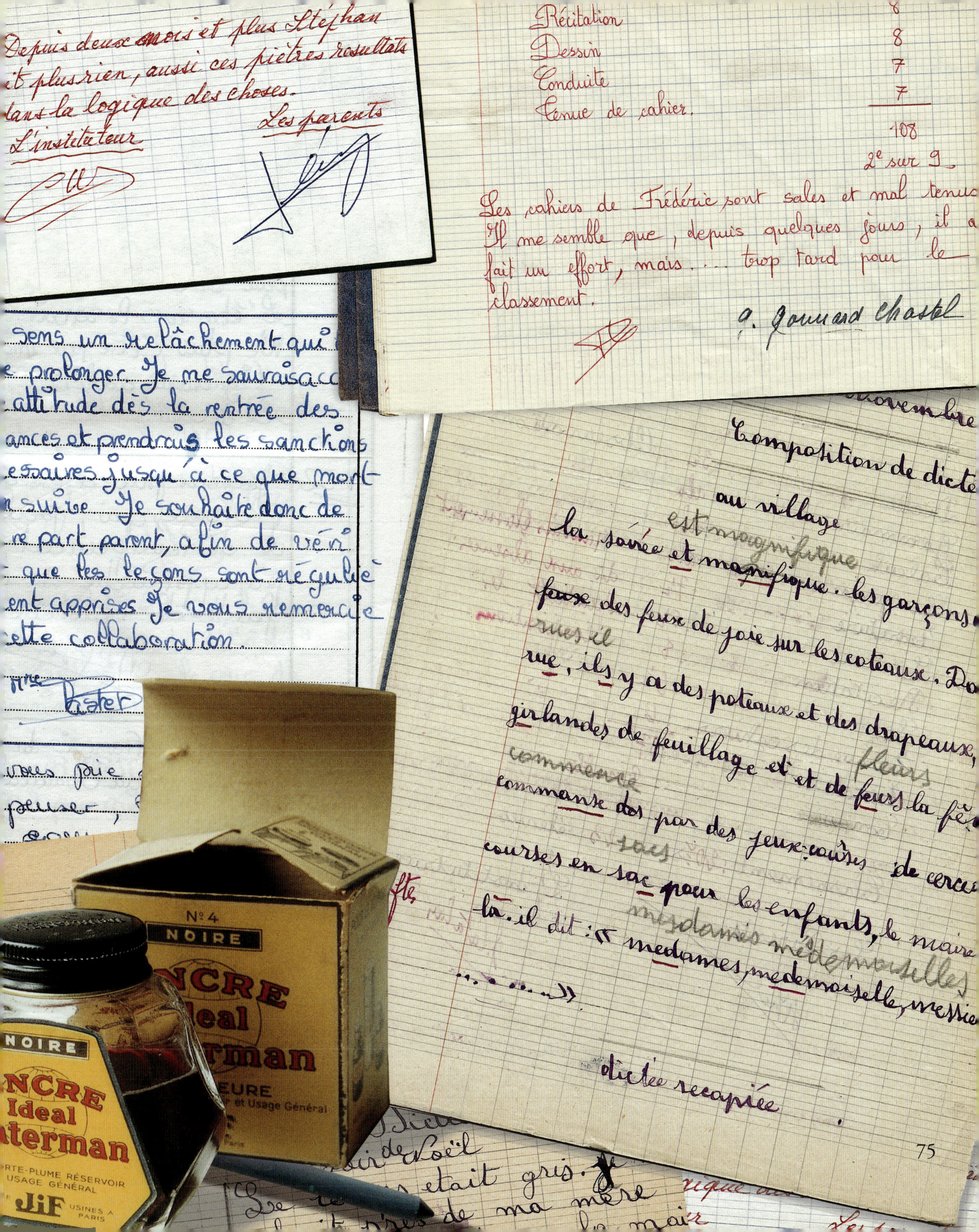

Depuis deux mois et plus Stéphan
...t plus rien, aussi ces piètres résultats
...ans la logique des choses.

L'instituteur — Les parents

Récitation 8
Dessin 8
Conduite 7
Tenue de cahier 7

108

2e sur 9.

Les cahiers de Frédéric sont sales et mal tenus
Il me semble que, depuis quelques jours, il a
fait un effort, mais .... trop tard pour le
classement.

G. Jouinard Chastel

...sens un relâchement qui ...
...e prolonger. Je ne saurais acc...
...attitude dès la rentrée des
...ances et prendrais les sanctions
...essaires jusqu'à ce que mort
...n suive. Je souhaite donc de
...re part parent, afin de véri...
... que les leçons sont régulié...
...ent apprises. Je vous remercie
...cette collaboration.

Mme Pister

...vous prie ...
...penser, ...

...novembre

Composition de dictée

au village

la sorée et magnifique. est magnifique. les garçons
faux des feux de joie sur les coteaux. Da...
rue, ils y a des poteaux et des drapeaux,
girlandes de feuillage et et de feurs la fê...
commanse commence dés par des jeux courses de cerce...
courses en sac sacs pour les enfants, le maire
la. il dit : « medames mesdames, medemoiselle mesdemoiselles, messie...
.... »

dictée recapiée

...de Noël
...était gris.
Le ... de ma mère

Notes du mois

L'Instituteur
Elève d'une mollesse extraordinaire
Il faut qu'Odile se réveille un peu
Mercredi, 5 février
Leçon 9
Lecture 8
Conduite 8
Tenue de cahier 7
Dessin 7
Evelyne a fort mauvais caractère 7
De plus, ses leçons ne sont jamais sues 97
3e sur 5
CALAIS
LILLE
LE HAVRE
AMIENS
ROUEN
CAEN
LAON
CHARLEVILLE
EVREUX
PARIS
REIMS
CHALONS-S-M
METZ
LAVAL
CHARTRES
LE MANS
NANCY
TROYES
STRASBOURG
ANGERS
BLOIS
ORLEANS
SENS
EPINAL
TOURS
DIJON
VIERZON
MULHOUSE
BESANCON
BOURGES
LA ROCHELLE
CHATEAUROUX
LIMOGES
MACON
ANGOULEME
VICHY
ANNECY
BORDEAUX
CLERMONT
LYON
SAINT-ETIENNE
VIENNE
PERIGUEUX
LE PUY
AURILLAC
GRENOBLE
VALENCE
AGEN
RODEZ
ALBI
GAP
MONTPELLIER
NIMES
AVIGNON
NICE
TOULOUSE
CARCASSONNE
MARSEILLE
FOIX
PERPIGNAN
Chocolat Lanvin
BUVARD A CONSERVER
MUSÉE DE L'ÉCOLE
CHARTRES
YOGHOURT
DANONE
DANONE
le dessert des digestions heureuses

Te souviens-tu de cette gamine aux yeux rêveurs, silencieuse ; de cette fille d'étrangers, maigrichonne, au fond de ta classe ? C'était en 1955 ; elle avait six ans.

Te souviens-tu, maîtresse, que parfois tu l'appelais à ton bureau pour qu'elle t'apporte son cahier ? Les devoirs n'étaient pas faits.

Voyais-tu son air de chien battu ? Sentais-tu son tremblement panique ? Non, je ne le pense pas… Tu écrivais sur le cahier aux pages blanches : « Cette élève n'a pas fait ses devoirs ».

Tu lui épinglais le cahier dans le dos. Tu demandais à une autre enfant d'exhiber la fautive dans toutes les classes. Aux récréations, tu la punissais encore en la plantant dehors, devant ta classe, dos à la cour, pour être sûre que l'école entière, du CP à la classe du certificat, puisse venir chuchoter dans le dos de ton élève. Maîtresse dont je vois encore les cheveux noirs frisottés et dont le nom me brûle toujours, tu aurais pu, si tu avais eu un peu d'humanité, savoir que mon papa bien-aimé était parti en longue maladie et qu'il me manquait très fort. Moi à qui mes parents enseignaient de ne pas se faire remarquer, de ne jamais déranger les gens, j'avais trouvé ce seul moyen pour dire ma peine sans faire de bruit.

Et chaque matin dans ta classe, j'avais peur. Et les jours où tu disais mon nom, je me levais tandis que mon visage se vidait de son sang, et je marchais dans le brouillard jusqu'à ton bureau. La salle de classe aux murs très hauts, le plancher avec ses lattes entrecroisées, le silence terrifiant accompagnaient ma traversée vers toi, vers tes paroles qui ressemblaient à des gifles, maîtresse.

Agnès

Vous m'avez sûrement oubliée, après tant d'années ! Mais moi, hélas ! je n'ai pas pu… Vous nous avez donné un sujet à traiter à la maison : « Le Printemps ». Formidable ! J'étais emballée. Sensible, un peu poète, ça me plaisait : j'y ai passé tout mon dimanche, je lisais ma prose à mon père et à chaque critique, je corrigeais, je polissais…

J'étais heureuse en rapportant ma dissertation, sûre d'avoir une bonne note. Le jour tant attendu est arrivé. Vous avez appelé les noms, avec les notes et les commentaires. Je trouvais le temps long. Je me suis dit : « Elle a perdu ma copie… Et puis, si contente de moi : Elle l'a gardée pour la fin, parce que c'est la meilleure ! »

Et oui, vous l'aviez gardée pour la fin et vous avez dit : « Je vous ai mis 2 parce qu'il y a à peu près deux lignes de vous, le reste vous l'avez copié dans un livre ! » J'étais atterrée, j'ai réussi à articuler : « Un livre ? Quel livre ? »
« Est-ce que je sais ? Je ne suis pas obligée de connaître tous les livres ».

« Je vous jure, Mademoiselle, je n'ai rien copié, mon père est témoin, il travaillait auprès de moi. Il pourra vous le dire ! » J'ai été priée de sortir si je persistais dans mes mensonges… J'étais si déçue, je pleurais.

J'ai dit à ma mère : « C'est trop injuste, il faut que papa aille la trouver. »

Nous étions aux jours sombres de l'Occupation. Elle m'a répondu : « Je t'en prie, laisse ton père tranquille, il a assez d'ennuis comme ça, il y a des choses encore plus graves. » Et c'était vrai…

Marie

Il m'a dégoûté de la musique. Il aimait les cérémonials sadiques, les mises en scène qui me faisaient perdre tous mes moyens. Il nous pinçait la joue et la tordait entre deux doigts. Sa violence était verbale surtout, dans ces mots comme « nul », « lamentable », « minable » qu'il nous projetait au visage, la bouche déformée par un rictus de mépris. Ou encore dans les plaisanteries qu'il faisait à notre détriment. Il avait deux ou trois boucs émissaires par classe, et un chouchou qu'il taquinait affectueusement. Moi, il m'appelait le « péquenot », parce que mon père était paysan. Il faisait des plaisanteries doucereuses sur moi, et les autres s'esclaffaient bassement avec lui : « Alors, Guillaume, tu habites Vauclusotte ? Derrière le tas de fumier à l'entrée du village ? Dans votre bled, y'a plus de vaches que d'êtres humains ! » et ainsi de suite, le reste à l'avenant… Je le détestais en silence, j'étais mal dans ma peau et il devait continuer parce qu'il sentait tout cela.

François

Mesdames les professeurs, ne jugez surtout pas sur les apparences, modérez vos paroles et surtout attention aux injustices. On reste blessé pour des années. Je suis âgée et ces épisodes sont là tout frais dans ma mémoire.

Marie

Votre antipathie n'a pas cessé, jusqu'au jour où vous m'avez déclaré : « Vous êtes la “ médiocrité ” même. Je préfère encore les ânes ! » Votre sentence m'a tuée ce jour-là ! Vous m'aviez interdit les portes du savoir !

Chantal

Lorsqu'elle parcourait notre rangée pour contrôler nos lignes de lettres hésitantes ou nos chiffres maladroits, je sentais sur ma nuque son regard coupant et j'en aurais volontiers pleuré la tête dans mes bras sur le pupitre en bois.

Jacqueline

Je me souviens de ces larmes silencieuses coulant sur mes joues à chaque frappe de votre main trop lourde… Elles coulaient jusqu'à mes lèvres… elles avaient un goût salé… J'en ai appris des choses cet après-midi-là ! J'ai appris ce que c'était que l'humiliation, debout sur l'estrade, le short sur mes chaussures offrant mon derrière rougi aux regards de mes camarades… J'ai appris qu'une grande personne peut se défouler sur un enfant… J'ai appris ce que c'était que l'injustice aussi…

Régis

les poules de pondre
à l'exception pendant les
est constitué d'une coquille

Alice a travaillé de 10h à 15h pour faire
ces deux pages. Elle est restée 2 heures à refuser de
faire la dernière phrase alors qu'elle savait lire
tous les mots !
refuse catégoriquement
près d'elle...
vingt
Alice a refusé d'écrire = 1h 15 mn
faire la ligne de lundi...!!
LAIT MONT BLANC
Petit Beurre
Notes du mois
Écriture 10
Calcul 10
Dictée 7
Copie 8
Dessin 7
Conduite 8
Tenue de cahier 56
5e sur 10.
Richard songe davantage au jeu qu'au travail.
Il pourrait mieux faire
Si Richard ne travaille pas comme il faut
Monsieur
5,5/10
sujet,
Par un bel après
agréable promenade
introduction
passe-partout
répétition
clichés empruntés
à un
toilette
Mercr

je me suis fachée très
ement trouvé en 1mn. Elle
travailler si je ne suis pas
e ne sais plus quoi faire...!!
ingt vingt vingt
pour
ente trente
ante
alice n'a absolument rien lu
aujourd'hui (5 syllabes de la leçon 9)
dans toute la matinée ! Nous n'avons
donc pas écrit les mots.
Elle ne prend même pas la peine de
réfléchir !! Il faut revoir toutes les
leçons depuis le début de l'année !!
conseils aux écoliers
vous trouvez quelquefois que vos maîtres son
trop sévères ; mais vous vous trompez sans
doute, et si vous connaissiez les motifs
qui les agir, vous seriez obligé de reconna
qu'ils ont raison. Plus d'une fois,
déjà, vous vous êtes aperçu quand le
premier mouvement de dépit s'était
calmé, que vos plaintes étaient
injustes et que la punition qu'on vous
avez infligée n'était, après tout, qu'un acte
de justice. Peut-être en est-il toujours
ainsi, et, au lieu de vous plaindre
d'une manière quelquefois peu
respectueuse, vous feriez mieux de
chercher à vous corriger, vous négli
gez souvent vos devoirs ; vous les faites
trop vite et vous les faites mal
n'êtes vous pas alors dans votre tort
toutes les fois que cela vous arrives
Dictée
trouvèrent une noix « elle
m'appartient dit l'un car je l'ai vue
le premier. Non reprit l'autre
15 avril
jours, pas, passent
maman

HACHETTE
STABILO
979

Bleu sourire

Bleu sourire ; bleu réconfort ; couleur de l'aube qui promet…

Tout pouvait lui sembler gris. Une boule fleurissait dans sa gorge. Chaque matin poussait l'autre ; son âme était chargée d'ennui, et il avait le cœur plus lourd encore que son cartable hydrocéphale… La vie qui était devenue pesante fuyait trop lentement, comme ces paysages qui défilent à travers la lunette arrière, sous les yeux las des enfants agenouillés, tournant le dos au conducteur, sur la banquette des automobiles…

Mais quelqu'un est venu qui a su faire fonctionner l'ardoise magique, rallumer la petite flamme de son espoir en effaçant les blessures que ses semblables avaient pu dessiner au fond de ses yeux… Quelqu'un a pu lui démontrer que l'école pouvait rester un sanctuaire, un camp de base, un espace préservé, le prolongement logique, l'épanouissement et non l'ablation de l'enfance…

Quelqu'un qui a su lui redonner cette confiance en lui que d'autres lui avaient fait perdre, qui a fait renaître en lui l'envie, le plaisir d'apprendre et de découvrir, lui démontrant jour après jour que la curiosité n'était pas un vilain défaut et que la plus grande qualité humaine au monde était la capacité d'enthousiasme et d'émerveillement…

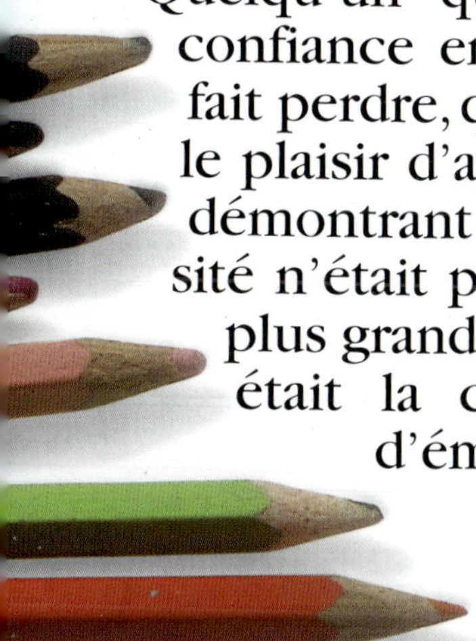

J'étais seul et vous, vous êtes arrivé, vous avez demandé mon nom et vous n'avez pas ri. Vous m'avez regardé normalement mais je pensais encore que tôt ou tard, vous alliez me reléguer au fond de la classe, comme l'avaient fait vos prédécesseurs. Et c'est l'air renfrogné, les épaules basses, le menton sur la poitrine que je vous répondais du bout des lèvres. C'est alors que m'ayant fait lever les yeux, vous m'avez pris par les épaules et vous avez lancé la phrase magique : « On t'a toujours dit que tu étais nul. C'est faux ! Personne n'est nul ; si tu le veux, tu peux réussir, cela ne tient qu'à toi : il faut que tu apprennes tes leçons ; je t'aiderai, je sais que tu le peux ! Je sais que tu le peux ! »

René

Mon petit, je suis très touché par le ton de ta lettre. Bien sûr que je me souviens de cet oiseau blessé aux grands yeux désespérés et j'ai compris immédiatement ton calvaire ; je n'ai absolument rien fait d'extraordinaire comme tu sembles le pense ; je n'ai fait que te remettre sur une voie que l'on t'avait fait quitter. Le rôle des maîtres est bien entendu d'enseigner les matières principales, mais aussi de voir un peu plus loin et chercher à comprendre le mal de vivre de certains enfants ; le dialogue est important car il peut dénouer des situations critiques. Je suis au crépuscule de ma vie et si j'ai pu aider ne serait-ce qu'un seul enfant, je considérerai ma mission accomplie. Mais ce que tu ne dis pas et que j'avais découvert, c'est que ton père était mort là bas… à la guerre en 1944, d'une balle en plein front, au cours d'un affrontement avec l'ennemi. Pourquoi les adultes ne t'expliquaient-ils rien ? Pourquoi l'ai-je compris ? C'est que mon propre père lui aussi avait été tué dans une tranchée à Verdun pendant la guerre précédente. Et à moi non plus, on ne m'avait pas dit pourquoi on peut prendre des vies aussi facilement. Bien à toi.

Monsieur C

SAVON
LE CHAT
LA GRANDE MARQUE
FRANÇAISE
AHIER DE
PPARTENANT A
ble ses membres sont alertes et dispos sa
rure est riche et sa peau magnifique.
est brave, mord le fusil du chasseur e
laisse tuer sans crier; mais il n'a pas
vanité du courage il préfère la ruse à
violence et fuit de loin le danger. Ses r
sont si heureuses qu'elles arrachent un sou
de complaisance au grave Buffon
Taine
3 fautes
Renard, Renard, Renard, Renard Renard R.
Museau Museau Museau Museau Museau
Fripon Fripon Fripon Fripon Fripon Fripon
Infatigable Infatigable Infatigable Infatigable
Fourrure Fourrure Fourrure Fourrure Fourrure
Fusil Fusil Fusil Fusil Fusil Fusil
Vanité Vanité Vanité Vanité Vanité Vanité
Complaisance Complaisance Complaisance
Soin:
les
S MÉCANIQUES
ERIUM
BLANZY-POURE
46
CRITERIUM
&
Sergent-major
GILBERT-BLANZY-POURE
d'après
Savignac

LES POISSONS
1 nageoire dorsale
Œil
Narine
Opercule
2 nageoires pectorales
2 nageoires abdominales
Ligne latérale
Anus
1 nageoire anale
1 nageoire caudale
Opercule soulevé
Eau
Œufs (ou laitance)
Bouche
Eau
Eau
LES NAGEOIRES DE LA CARPE
Anus
Nageoire dorsale
Colonne vertébrale
Nageoire caudale
Nageoire pectorale
Nageoire abdominale
Nageoire anale
SQUELETTE DE LA CARPE
100 CL
Stabilisée
LIMONADE
PUR SUCRE
Stabilisée
CALARIS
POINTE BIC
LA POINTE
BiC
CRÉATION AGENCE FRANÇAISE DE PROPAGANDE

année encore vous avez fêté ce joyeux évènement. Racontez
la soirée.
Cette année comme d'habitude nous avons fêté lé réveil
joyeux évènement. Nous nous sommes mits à manger
vers neuf heures du soir. Nous étions cinq à table
maman, Papa, mes deux frères et moi. Nous avons
commencez à monger les huîtres et le boudin blanc
Claude racontait des histoires amusontes; Tout le
monde était joyeux et content. On ne sentait
plus la fatigue, ni l'envie de dormir. Un petit peu
de vin blanc et de rouge nous rendit encore plus
joyeux. Arrivés à la dinde; personne ne parlait,
trop occupes à se gaver (Enfin la bûche au
chocolat) On avait tellement monger que l'on
ne pouvait presque plus monger un morceau
de bûche. Maman racontait la vie d'autrefois.
Nous l'écoutions avec admiration. Nous nous
sommes couchés à trois heures du Matin. J'aime
bien le réveillon parce qu'on est en famille et
qu'on est très heureux.
Enfin la bûche au
chocolat nous est servie
mangé, dans verbe
déguster
CONSTRUCTIONS
1503

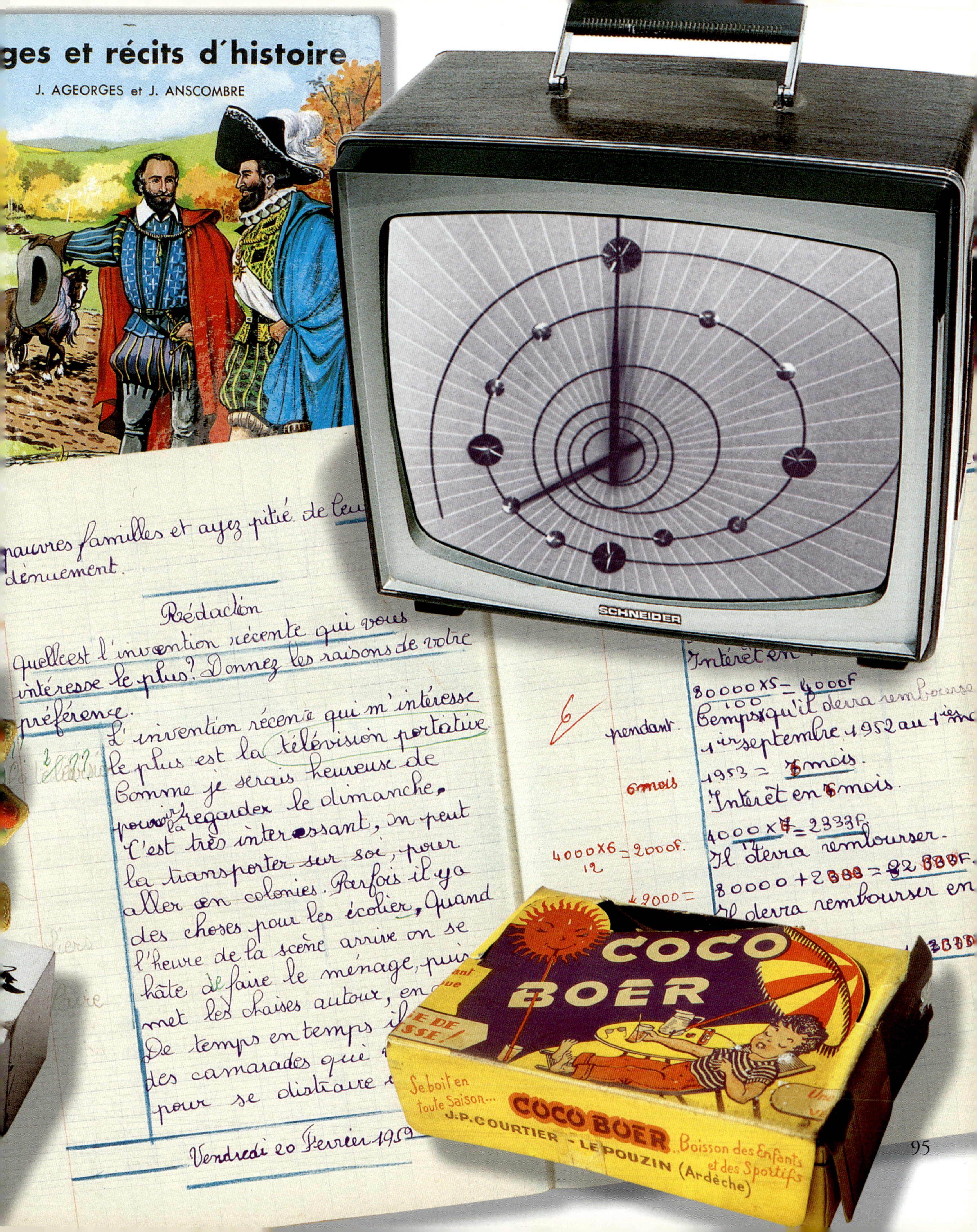
ges et récits d'histoire
J. AGEORGES et J. ANSCOMBRE
SCHNEIDER
pauvres familles et ayez pitié de leur
dénuement.
Rédaction
Quelle est l'invention récente qui vous intéresse le plus? Donnez les raisons de votre préférence.
L'invention récente qui m'intéresse le plus est la télévision portative.
Comme je serais heureux de pouvoir la regarder le dimanche.
C'est très intéressant, on peut la transporter sur soi, pour aller en colonies. Parfois il y a des choses pour les écolier, Quand l'heure de la scène arrive on se hâte de faire le ménage, puis met les chaises autour,
De temps en temps
des camarades qui
pour se distraire
Vendredi 20 Février 1959
pendant
6 mois
4000X6 = 2000F.
12
Intérêt en
80000 X5 = 4000F
100
Temps qu'il devra rembourser
1er septembre 1952 au 1er mars
1953 = 6 mois.
Intérêt en 6 mois.
4000 X 7 = 2333F
12
Il devra rembourser.
80000 + 2000 = 82000F.
Il devra rembourser en
COCO BOER
Se boit en toute Saison...
COCO BOER
J.P. COURTIER - LE POUZIN (Ardèche)
Boisson des Enfants et des Sportifs

Monsieur,

Ce que je vois de vous, Monsieur, c'est votre dos qui se détache sur le tableau noir. Vous étiez si grand, debout sur l'estrade cirée et moi si petite, collée à mon bureau, à mon ignorance et à mes angoisses. Dans ma tête, ça se refusait. Les lettres et les mots ne jonglaient pas, ils tombaient lourds et plats. Leur sens m'échappait. Les chiffres,n'en parlons pas. L'école était un paysage incertain, une inachevée. J'apprenais flou.J'entrais dans la cour. La cloche sonnait. Je me tenais au premier rang, vous me l'aviez demandé. Mes nattes blondes sagement posées sur ma blouse, je vous regardais. Vous écriviez de votre belle écriture ronde, la date, le travail du jour, les devoirs à rendre. Sous votre craie, les choses s'installaient chacune bien à sa place, dans un ordre immuable et rassurant.

Sans vous retourner, vous disiez d'une voix grave : « Il y en a qui rêvent, je les entends ! »

Je baissais la tête. Ces mots étaient pour moi. Je rêvais de vous. Pour la première fois, après tant d'échecs, j'avais trouvé dans votre silhouette un espace bienveillant qui me séparait du tableau noir et me servait d'abri.

Lentement, je trempais ma plume dans l'encre violette et en tremblant j'ajustais la pointe métallique sur la première ligne du cahier. Elle crissait. Trois carreaux à gauche de la marge, il y avait un petit point rouge qui indiquait le départ. Alors, je prenais le risque d'oser, le risque de tracer et de laisser une marque.

Monsieur... Monsieur... je n'ai pas oublié...

Votre dos. Et votre voix aussi. Une voix qui venait vers moi de si haut, de si loin, m'apportant dans ses intonations le souffle qui me guidait et m'apaisait. Une voix ferme et douce. Conciliante et généreuse.

« Tu es capable, disait la voix, essaie encore ! » Je lui faisais confiance à cette voix-là qui me parlait sans crier et me portait sans faiblir.

Et puis vous descendiez de l'estrade et vous vous approchiez de moi. Je sentais le frôlement de votre blouse sur mon épaule et l'odeur de la craie sur vos doigts. Votre regard glissait de mes cheveux blonds jusqu'à mon cahier. Je ne respirais plus. Le silence me tenait lieu de tanière. J'attendais le moment où vos paroles me libéreraient et me pousseraient à reprendre la plume. En attendant, ce que je voyais sur le cahier ressemblait à une grande tempête pleine de vagues et de nuages. Sous la table, je frottais mes doigts moites et violets les uns contre les autres. Je chavirais. L'eau était sombre et profonde.

« Ça vient, ça vient, continue comme ça, regarde, pour le M, tu fais comme un petit pont… » vous disiez.

Alors, je montais sur le pont, j'affrontais les vents, je devenais capitaine et le bateau fendait les flots. Et puis, un jour, j'ai su écrire. Vous m'aviez appris à gouverner, à commander, à dresser les lettres et les mots dans un ordre impeccable. Et surtout à les aimer.

Voilà, je n'ai pas oublié, Monsieur.

J'ai mis mes pas dans les vôtres et, à mon tour, je tente aujourd'hui de devenir cette silhouette, cette voix et cette main que certains enfants attendent chaque matin, lorsque la cloche sonne.

Michèle

Henri IV
Henri 4
HenriIV

Je savais que j'étais pauvre — je ne portais que des vêtements récupérés, mon père était mineur de fond à la retraite , mais c'était, disait-on, un « galvaudeux », c'est-à-dire qu'il avait intégré la mine très tard (à plus de vingt et un ans au lieu de dix ou onze ans comme les autres), qu'il n'avait même pas attrapé cette silicose qui faisait grimper vertigineusement les revenus des vieux mineurs. Je n'avais aucune éducation, ne savais pas tenir le couteau et la fourchette, ni me brosser les dents, ni raconter mes vacances puisque je les passais à aider aux champs…

Par-dessus cette gaucherie, mon prénom prêtait à moquerie : « Lambertine », alors que les autres s'appelaient Anne-Marie, Marie-France, Christiane, Danièle… Bref, cette entrée dans ce « Nouveau Monde » fut très difficile. Au fur et à mesure des semaines, je faisais des efforts, j'imitais les autres. Mais le samedi, quand je rentrais à la maison, je ressentais l'inutilité de ces efforts et je pensais qu'il aurait mieux valu que je ne sois jamais née. De plus en plus souvent, j'allais promener le chien le long de la voie ferrée et j'attendais le passage du train qui me frôlait.

Un samedi matin, sans raison apparente, j'éclatais en sanglots au beau milieu du cours de géographie. Le professeur m'a retenue à la fin de l'heure, m'a apaisée, m'a invitée chez elle, m'a raconté son enfance, sa jeunesse dans une famille modeste. Un jour, elle est passée à la maison, a fait la connaissance de ma mère, en mon absence.

Elle m'a aidée à me réconcilier avec moi-même, à reconstruire mon identité, accepter et même être fière de ces vieux parents modestes, pauvres, illettrés, qui s'étaient battus pour que leur fille fasse des études et n'intègre pas l'usine de faïence ou de tissage le jour de ses quatorze ans comme toutes les filles du voisinage.

Je suis persuadée que grâce à elle, je suis née une seconde fois, et « bien née » cette fois. Je lui dis merci, merci encore. J'arrête là, mes yeux se brouillent, je suis heureuse.

Lambertine

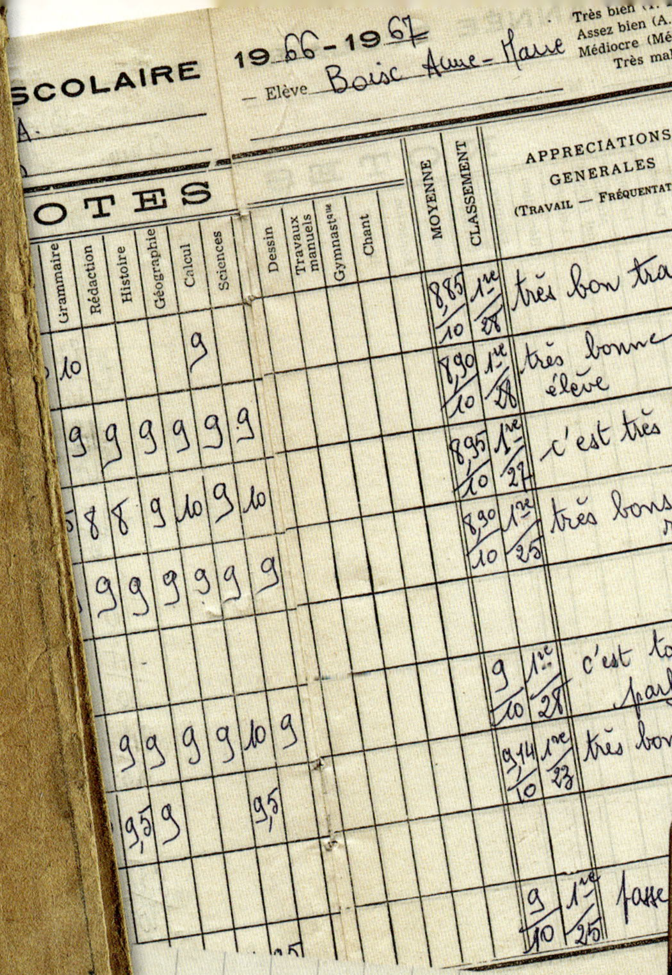

SCOLAIRE 1966-1967 — Elève Boisc Anne-Marie

Très bien (…) - Passable
Assez bien (A. B. ou 4-3) - Mal
Médiocre (Méd. ou 4-3) - Nul
Très mal (T. M. ou 1) - Nul

NOTES

Grammaire	Rédaction	Histoire	Géographie	Calcul	Sciences	Dessin	Travaux manuels	Gymnastique	Chant	MOYENNE	CLASSEMENT	APPRECIATIONS GENERALES (TRAVAIL — FRÉQUENTATION)
										8,85/10	1re/28	très bon travail
10				9						8,90/10	1re/28	très bonne élève
9	9	9	9	9	9					8,95/10	1re/27	c'est très bien
8	8	9	10	9	10					8,90/10	1re/25	très bons résult…
9	9	9	9	9	9							
										9/10	1re/28	c'est toujo… parfait
9	9	9	9	10	9					9,14/10	1re/23	très bonne…
9,5	9			9,5								
										9/10	1re/25	passe…

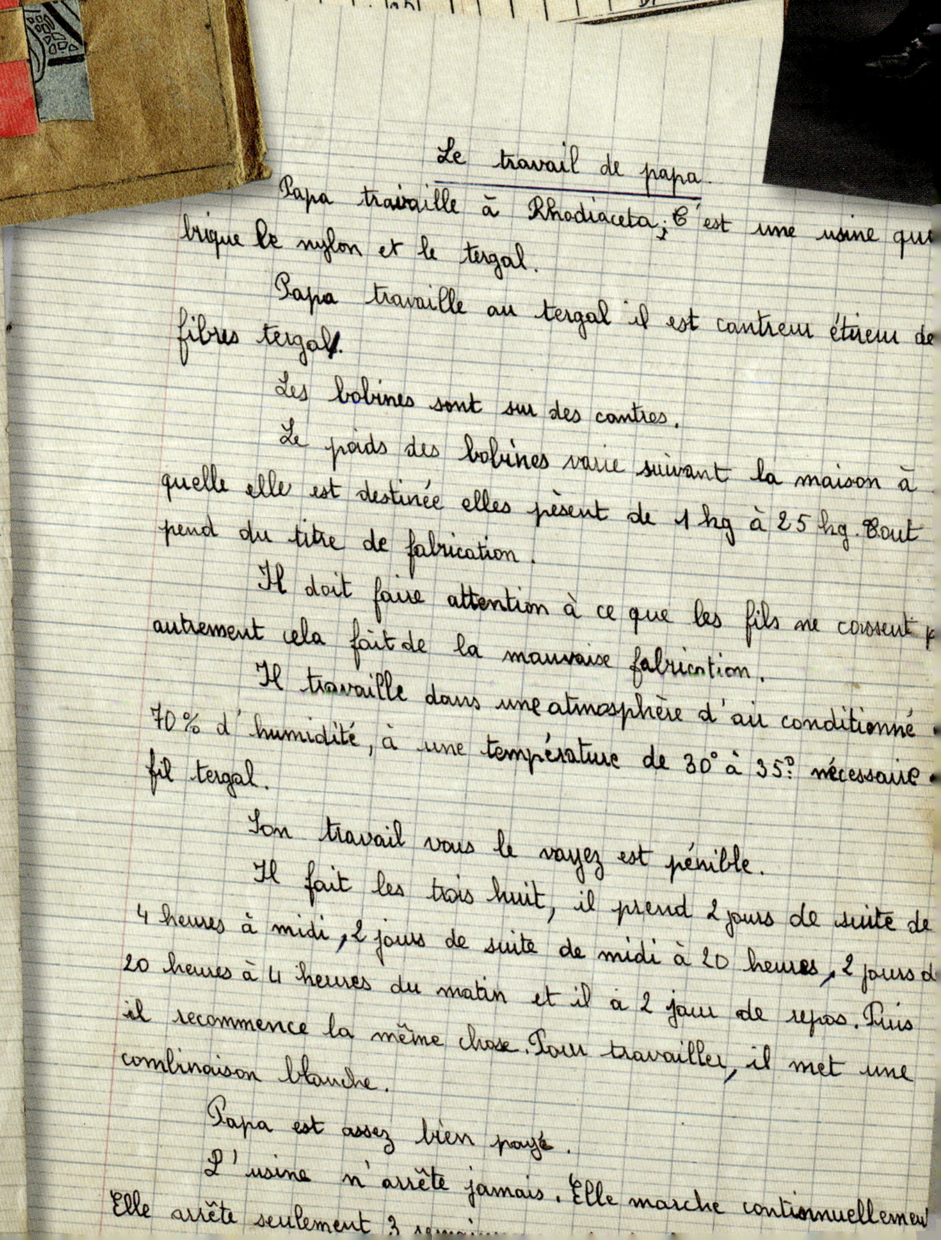

Le travail de papa

Papa travaille à Rhodiaceta, c'est une usine qui … trique le nylon et le tergal.

Papa travaille au tergal il est contreu étireu de fibres tergal.

Les bobines sont sur des contres.

Le poids des bobines varie suivant la maison à quelle elle est destinée elles pèsent de 1 kg à 25 kg. Dépend du titre de fabrication.

Il doit faire attention à ce que les fils ne cassent p… autrement cela fait de la mauvaise fabrication.

Il travaille dans une atmosphère d'air conditionné 70% d'humidité, à une température de 30° à 35° nécessaire au fil tergal.

Son travail vous le voyez est pénible.

Il fait les trois huit, il prend 2 jours de suite de 4 heures à midi, 2 jours de suite de midi à 20 heures, 2 jours de 20 heures à 4 heures du matin et il à 2 jour de repos. Puis il recommence la même chose. Pour travailler, il met une combinaison blanche.

Papa est assez bien payé.

L'usine n'arrête jamais. Elle marche continuellement
Elle arrête seulement 3 semai…

nn

ons

rue Lafaye

Directeur : Monsieur Fert.
Adjoints : Messieurs Girau
Francoz
Madame Guilla

Conseils des Maîtres.

Année scolaire : 1 41.

Conseil des Maîtres
du 18 février 1946.

Le Conseil des maîtres s'est réuni le 18 février 1946 sous la présidence de Monsieur Fert, Directeur

1°/ Hygiène : Mr le Directeur rappelle les prescriptions d'hygiène à surveiller de très près : propreté des mains du visage, des cheveux, du vêtement, des chaussures. Les élèves faisant partie de la Section de la Croix-Rouge de la Jeunesse veilleront à la propreté des petits pendant la récréation.

2°) Les conseils d'ordre, de discipline pour la montée et la descente dans les classes, pour le calme des récréations, sont à nouveau signalés.

3°) Les performances qui doivent figurer sur les fiches d'éducation physique ont commencé. La course de 60m est inscrite. On continuera chaque semaine par une épreuve, sur le terrain de sport 150 rue Lafayette.

4°) Les oeuvres de bienfaisance, d'entr'aide ne sont pas oubliées à l'Ecole. La vente du timbre anti-tuberculeux a été faite avec empressement par tous les élèves. Des équipes sont constituées pour la vente d'insignes dans la rue. Les enfants y mettent beaucoup

J'ai commencé cette lettre par l'inscription de la date à droite du tableau, comme vous le faisiez chaque matin - une habitude que j'avais reprise à mon compte et qui faisait sourire mes grands élèves lycéens. Je suis sûre que là où vous êtes, vous continuez à écrire en couleurs quelque part dans un coin de votre univers.

Car c'était bien là votre talent : donner à la grisaille quotidienne cette note souriante et teintée d'humour qui métamorphose les citrouilles en carrosses et les Cendrillons en princesses. Et vous en aviez beaucoup, des petites Cendrillons de faubourg qui venaient taper leurs galoches encrassées de boue et de neige près du vieux poêle en fonte que vous allumiez chaque matin. Les manteaux et les pèlerines séchaient avec une odeur de suint qui rappelait, si besoin était, qu'avant d'être retaillés ces lourds vêtements avaient servi sous formes de couvertures ou de capotes militaires. Peu à peu, dans la tiédeur de l'école, les membres se dégourdissaient, les engelures picotaient, et votre petite troupe — rescapée des longs cheminements dans la Berezina de l'hiver limousin - écarquillait les yeux pour voir le dégel de l'encre violette dans les petits pots de porcelaine blanche, tandis que les plus industrieuses frottaient activement leur pupitre avec un petit morceau de cire d'abeille qu'elles fondaient rituellement entre leurs doigts agiles avant le début du cours.

Alors quand tout était fin prêt, on pouvait sortir les plumiers et commencer de grands « schuss » à travers la page blanche, en vert, en rouge, en violet, une couleur pour chaque titre, des majuscules, des minuscules, des pleins et des déliés, des tirets et des virgules. Avec vous l'écriture était un vrai bonheur jusqu'au point final, même si, parfois, vous haussiez les sourcils au-dessus de vos grosses lunettes pour arrêter une plume téméraire qui allait s'écraser hors piste ou contre la marge en un piteux petit tas d'encre, témoin de la maladresse de l'apprenti écrivain.

Chantal

Avant vous Madame, je végétais autant dans les fonds de classe que dans les profondeurs des classements. Vous avez su trouver les mots qui ont fait écho en moi. Me faire aimer les livres, les auteurs et l'ailleurs qu'ils me proposaient. Vous avez su me donner confiance et… le seul prix que j'ai jamais eu en école élémentaire. Je le conserve toujours dans un coin de ma bibliothèque et de mon cœur. Mes habits sales, mal recousus, affaires héritées de mes grands frères… Ces chaussures usées jusqu'à la semelle. Jamais vous n'en fîtes cas. Jamais.

Laurent

Léandro,

C'est à toi que j'écris.
Je sais que tu peux lire puisque c'est avec moi que tu as décidé d'apprendre à lire, c'est avec toi que j'ai compris que lire est un mystère… Un jour tu es arrivé. Tu n'étais pas encore assis, ta façon nonchalante de te déplacer entre les tables, ton air de ne prêter aucune attention aux autres, le dos voûté, tout en toi disait que la partie n'était pas gagnée. « Léandro. Onze ans. Écrit son prénom. Ne sait pas lire… Placement DASS. » Voilà ce que j'appris, information chuchotée à mon oreille, avant que la porte ne se referme sur une directrice assez satisfaite d'avoir trouvé un lieu (d'aisance, ai-je envie de dire) où déposer cet encombrant individu. Il en a fallu du temps avant que je puisse apercevoir ton regard, furtif comme une libellule. Un jour, pourtant, tu me fis le cadeau de poser tes yeux dans les miens et ce que j'y vis m'émerveilla. Ce n'était pas là le regard des autres enfants de cette classe dite « de perfectionnement », regard éteint de la capitulation, du peu d'espérance, du peu de désir pour une vie qui ne leur disait rien qui vaille, fichue avant d'être vécue. Ton regard, Léandro, c'était le feu, des étincelles partout, un feu qui fait mal, qui brûle plus qu'il ne réchauffe, mais un feu tout de même. Tu as lu mon émerveillement. Pendant de longues semaines, apparemment complètement fermé à ce qui se passait autour de toi, tu as crayonné des voitures, des ventres de voitures, toutes sortes d'engins.
J'observais cela. L'heure n'était pas encore venue d'exiger de toi autre chose qu'un comportement relativement docile… Je ne sais à quel moment de l'année, tu t'es levé, un jour où nous lisions, les autres et moi, moi surtout, pour prendre un petit livre dans le coin bibliothèque. À partir de ce jour, tu as eu deux activités : dessiner et « lire ». Que s'est-il passé entre toi et les curieux insectes qui couraient sur les pages ? Ce que je sais, c'est que tu restais de longs moments à contempler fixement des mots, muets, immobiles. Une autre fois, tu es venu vers moi et tu as lu, avec hésitation certes, mais tu lisais les mots d'une histoire que j'ai oubliée tellement j'étais émue. À partir de ce jour, tout est allé très vite. La lecture est entrée en toi, avec ses satellites qui causent tant de soucis aux écoliers : conjugaison, grammaire… Tout est allé si vite, et je n'ai rien compris… Le dernier jour, j'osais une question : « Léandro, pourquoi as-tu appris à lire ? »

« Parce que je croyais que tu ne savais pas que je ne savais pas. »

Catherine

s suivants:
tte, force, bonne,
n commun masculin
mp objet direct de
e: nom propre mas
lier sujet de halète.
de manière modifie
spire
if qualificatif attribut
in singulier.
ier 1952
ie.
adjectifs entre
s de chaudes
et paysannes

Je ne parviens pas à me souvenir de ton nom. Je crois qu'on t'appelait la cantinière : « Va voir la cantinière ! »
Je ne me souviens pas non plus de ton visage. Tu ne devais pas être jeune, au moins l'âge canonique : chez les « chers frères », on ne plaisantait pas avec ces choses-là. Je me souviens de tes mains, forcément de grosses mains déformées. Je n'ai jamais su comment tu étais arrivée là : tu étais la cantinière de la cantine. J'imagine que ce n'était pas une place enviée, cantinière dans une école, chez les curés ; petit salaire, matériel déficient et beaucoup de choux… L'odeur ne devait jamais te quitter. C'est là qu'on s'est rencontrés, à la cantine. Moi, j'étais pas un cadeau, un vrai colis, maigre, pâle, morveux ; et puis je n'arrivais à rien ; ni à lire ni à écrire ni à parler et surtout je fuyais de partout. C'est çà qui nous a rapprochés ; les fuites.
En ce temps-là, il y avait peu de gens disponibles pour l'instruction, et pas d'infirmières à l'école. Quel que soit le problème : « Va voir la cantinière ! » Je sais maintenant que tu avais beaucoup de travail et que je te dérangeais, mais toujours tu m'as accueilli avec un sourire, avec les mots des pauvres gens : « c'est pas grave », « t'inquiète pas », « je vais t'aider ». Tu m'appelais « ton pauvre petit ».

Moi, je ne me posais pas de questions. Il y avait les gentils — toi — et les autres, tous les autres… Eux, ça les gênait un peu, cet attachement d'une ilote pour un enfant perdu. Alors, peu à peu, j'ai appris… des bouts de phrases, des soupirs, des airs entendus… Que la douleur t'aveuglait, que tu me prenais pour ton fils…
J'ai toujours pensé que c'était l'Algérie, mais maintenant, en calculant les dates, je ne sais plus. Dernier blessé de l'Indo, première victime en Algérie, peu importe, à cette époque, la France n'était pas avare du sang de ses enfants.

Ils te l'avaient ramené, tout près de chez nous, dans un hôpital au nom merveilleux : « Val-de-Grâce ». Je l'imaginais tout blanc, lumineux au milieu des prairies…
Mais c'était une sale blessure ; j'entendis qu'il fallait couper, couper, couper encore un peu plus…
Cette souffrance nous a réunis un moment. C'était il y a longtemps. Quand j'ai été un peu mieux, je t'ai oubliée. Maintenant tu as rejoint ton fils et tu ne penses plus à moi. J'aimerais tant me souvenir de ton nom.

Jean-Michel

Tu avais trente ans, en paraissais facilement cinquante quand tu es entrée dans ma vie. Ton corps androgyne surmonté d'une tête de gros poupon prématuré était impressionnant. Tes grosses montures en écaille tentaient de dissimuler d'épais sourcils bruns tout hirsutes et l'épaisseur des verres reculait à l'infini deux petits yeux sombres et luisants. Tu avais le physique d'une gargouille.
Comment la nature a-t-elle pu s'acharner ainsi sur toi ?

Consciente du handicap que ton apparence physique représentait dans ton contact avec tes élèves, tu en riais en premier. Mais le vrai miracle n'était pas là : nous oubliions toutes, nous, « tes filles », combien tu étais laide lorsque les mots se mettaient à franchir tes lèvres charnues. Je te revois nous parler, debout devant ton bureau, battant l'air de tes bras démesurés. Le temps alors s'arrêtait réellement.

Pascale

TRIMESTRE
NOTES OBTENUES
ANNÉE SCOLAIRE
TRIMESTRE
Conduite :
Application :
Progrès :
Fréquentation :
NOTES OBTENUES
Morale et Instruction civique
Orthographe
Composition Française
Calcul
Dessin et Travail manuel
Écriture
Education physique
BIBLIOTHÈQUE VERTE
JACK LONDON
MICHAËL
CHIEN DE CIRQUE
HACHETTE
LA FRANÇOISE
ACIER INOXYDABLE
LA FRANÇOISE
PETIT LAROUSSE = GRAND AMI
ROUSSE
CRÉATION CH. E. GLACHANT, IMPRIMERIE LAROUSSE
oscar major
TONALITÉ
PUISSANCE
TONE
VOLUME

PERSAVON
vous permet d'obtenir
CETTE SUPERFORTERESSE
VOYEZ A L'INTÉRIEUR
PERSAVON
CAHIER D
APPARTENANT A
CLASSE DE
Problème
Un maître tailleur s'engage à confec
onner 500 capotes et autant de panta
ons. On lui paie 7 francs pour la con
tion d'une capote et 5 francs pour ce
d'un pantalon. Combien devra-t-
pour tout ce travail.
500 capotes
× 7 francs
3 500 francs
500 pantalons
× 5 francs
2 500 francs
3 500 fran
+ 2 500 fran
6 000
6.000 francs.
Modèle nº 21 Porsche Carrera
Modèle nº 17 Jaguar 2 l. 400
Modèle nº 13 Renault Dauphine
Modèle nº 10 Citroën DS 19
Modèle nº 6 Simca Versailles
Modèle nº 1 Simca 9 Aronde
Frégate Renault Modèle nº 11
Ford Vedette 54 Modèle nº 2
Modèle nº 3 Citroën 15-six Famle
COLLECTIONNEZ
LES MINIATURES DE
NOREV
ÉCHELLE 1/43e
Modèle nº 7 Simca Trianon
Modèle nº 4 Dyna 55
Modèle nº 8 203 Peugeot
403 Peugeot Modèle nº 9
Modèle nº 20 Maserati Sport 150/S

Dubois
Morale
L'assistance publique
La société doit s'efforcer de réparer ... naturelles et sociales. La société lutte contre ... asiles, sanatoria, bureaux de bien... retraites, assurances sociales, etc.)
Vocabulaire
... citez des choses qui se balancent?
balançoire - un pendule - un arbre - un navire - une branche - une araignée - un gymnaste, la queue d'un chien etc.
Les oscillations du pendule, l'ivrogne chancelle, titube. le canard se dandine. - dodeliner de la tête, on peut aussi balancer une cloche, ou la mettre en branle.
Le navire est balancé par les vagues - d'avant en arrière - tangage - roulis - de gauche à droite.
Un balancement peut être régulier, cadencé, rythmé, lourd, disgracieux.
au sens figuré - On peut balancer, hésiter entre deux décisions, délibérer (lire) Employez dans des phrases: une santé chancelante. délibérer. balancement rythmé.
Employez au sens figuré les mots suivre - souple. arraché. au sens propre.
Cet enfant chétif a une santé chancelante
Dès la 1re séance, les états généraux délibèrent du vote par tête ou par ordre.
Le pendule a un balancement rythmé.
Pendant la gymnastique, les enfants se suivent ... indienne.
Je suis, dans le journal, le raid de Boussoutrot
Le vannier plie les souples lianes d'osier.
Cette personne a l'esprit souple.
En Octobre, le cultivateur arrache les pommes de ...
De nombreuses caravanes ont arraché son secret
Devoirs: n° 1.445 - 1.447. Cartes - dessins et ...
Leçons: récitation, conduite, histoire, gramm...
Problème
Un marchand achète 368 hl. de pommes de terre à 33f ... frais de transport se sont élevés à 28f,50 par ... marchand a-t-il gagné en revendant ses pommes ... le double décalitre, sachant que l'hl. de p. de ...
Solution
Réponses
Le bénéfice total est égal au prix de vente total ... le prix de revient.
Prix de vente total:
(368x5=1840) 7f,50x1.840=
13.800f
Poids total des pommes de terre:
HECTO
criterium
FRANCE

Était-ce en 1957 ou bien en 1958 ?
Je vous avais été présentée comme une mauvaise élève !
Il est vrai que jusqu'à ce que je vous rencontre, mes résultats scolaires n'étaient pas très glorieux… Je me souviens encore de l'odeur du salpêtre que je respirais, au coin, derrière le tableau… Il me semble que je redoublais le cours préparatoire parce que je ne savais pas lire. En fait, vous vous êtes vite aperçue que je savais lire mais que j'avais peine à le faire à haute voix ; je crois que j'avais peur, mais vous, vous m'avez apprivoisée, rassurée, encouragée.

Que n'aurais-je pas fait pour vous ! Je vous trouvais belle, délicate, avec vos cheveux auburn relevés en chignon ; vous sentiez bon, vous mettiez du rouge à lèvres… Je vous admirais et je voulais vous plaire, en m'appliquant, en travaillant bien et soigneusement, en vous offrant, au printemps, des bouquets de primevères ou de cardamines des prés qui tiennent si mal en vase…

Le soir, après la classe, vous corrigiez les cahiers en fumant des cigarettes Week-end… Je me risquais à vous demander une boîte vide pour y ranger les bons points avant de les échanger contre les images représentant les fables de La Fontaine, je devenais une bonne élève…

Vous n'avez pas eu d'enfant je crois, mais vous avez fait le bonheur d'une petite fille… La femme que je suis devenue vous doit beaucoup… Vous êtes la première personne qui m'ait aidée à croire en moi ; vous m'avez éveillée à la lecture, à l'écriture, à la poésie, à la beauté… Avec vous, j'ai cessé d'être un vilain petit canard !
Je vous en remercie infiniment.

Anne-Élisabeth

VERAERE
CAILLON

J'aurai aimé vous dire votre importance dans ma vie, vous dire votre savoir-faire et votre savoir-vivre, vous dire simplement que vous me manquez. Quelquefois dans la rue, j'aperçois un corps anonyme, inconnu, de dos, qui vous ressemble. Souvent je m'approche et vous recherche, inconsciemment. La personne se retourne, mais elle n'a pas vos traits… C'est normal. Mais c'est dommage.

Jean-Benoît

À partir de vous, j'ai aimé décrire tous les nuages qui défilaient dans ma tête. J'ai aimé mes rêves sous votre regard. J'ai conquis sur le néant une identité entière. Merci de m'avoir sauvée de l'inexistence, cher, cher monsicur Laurens.

Nicole

« École de filles, Andrésy (Seine-et-Oise)
Prix d'excellence décerné à Françoise Deschamps »
En signant ce billet, toujours collé en première page des *Merveilles de la science* paru aux Éditions des Deux Coqs d'Or, j'ai compris beaucoup plus tard que vous aviez ouvert devant moi un avenir : mon avenir.

Françoise

Madame MOREAU, je ne sais pas où vous êtes aujourd'hui mais je vous écris pour vous dire que suis heureux et que vous y êtes pour quelque chose.

Didier

Exil indigo

Indigo couleur de l'exclusion, de la ségrégation et de l'excès. Couleur du bleu de travail des ouvriers, des mécaniciens et des manœuvres.

Les « hussards » de la République enseignaient souvent dans des classes hostiles où la plupart des élèves préféraient au français le patois de leurs ancêtres ; élèves dont les parents avaient de la peine à accepter que la main-d'œuvre de leurs enfants leur soit ravie, le temps de l'école obligatoire… Ils étaient souvent eux-mêmes fils de paysans ou d'instituteurs… Passeurs de vies qui aidaient les rejetons de la ferme à conquérir le monde…

À présent, le paysage avait bien changé : c'était le prolétariat des villes qui faisait éclater les murs de la communale. Des enfants nés dans le béton du baby boom… Et certains maîtres étaient pris de vertige ; ils éprouvaient la tentation de contenir la progression inexorable de ce flot qui semblait monter trop vite… En figeant une discipline d'un autre âge ; en faisant des barrières de fin d'études des barrières sociales ; en imposant un handicap à ceux qui venaient de trop haut comme à ceux qui venaient de trop bas… Comme pour ne reproduire que leur propre modèle… Celui des classes moyennes méritantes ; qui se méfiaient des ouvriers comme des bourgeois, qui craignaient autant la vulgarité de l'argent que celle du petit peuple… Alors l'école pouvait en arriver à exclure au lieu d'intégrer ; à renforcer l'exil de ceux que la nature avait oublié de favoriser…

Dès la première heure, Mademoiselle B. établit ses fiches par ordre alphabétique, et c'est mon tour.
Henriette Riou. Date de naissance : 14 juillet 1938. « Profession de votre père, mademoiselle RIOU ? » (Je me lève, interloquée et hébétée, je ne sais pas répondre.) « Mademoiselle Riou, je vous pose une question ! reprend le professeur. La profession de votre père ? »
Je reste muette, je m'applique seulement à rester droite sur ma colonne vertébrale. Je sens tous les regards de cette classe de sixième sur moi, comme un groupe de badauds occupés à déchiffrer un phénomène. Josiane derrière moi, rigole haut et fort et jette : « Elle n'a peut-être pas de père ! » et c'est la rigolade générale. Odile rajoute « C'est peut-être *Alice aux pays des merveilles* ou le Petit Prince tombé du ciel. » C'est une grande effervescence autour de moi et je suis en état d'alerte, je suis très mal ! Mademoiselle B. remet de l'ordre à l'intérieur de la classe et me redemande pour la troisième fois : « La profession de votre père, mademoiselle Riou ? » Ma bouche est sèche. Je me sens pétrifiée, je retiens des larmes qui montent… J'ai un sentiment amer que je ne connais pas. Cependant, il me faut faire face. J'avance vers le professeur bien installé sur son estrade, pour lui dire, pour lui répondre enfin. Je suis accablée, j'ai honte, je suis en colère, j'ai peur, tout m'assaille ; mais je suis une grande fille, quand même. Je suis en sixième aujourd'hui et tout bas, comme une confession inaudible pour l'ensemble de la classe (en effet la classe s'est tue un instant), j'ai pu dire : « Je ne connais pas la profession de mon père, je suis de l'Assistance publique » et sur sa fiche- « Profession du père : A.P. » Je suis retournée à ma place, chancelante comme une poupée de chiffons trempée dans la semoule, une petite fille cristallisée. C'était la première fois que j'en prenais conscience. « Profession du Père : A.P. » Est-ce que j'étais marquée au fer rouge ? Et pourquoi mes pauvres parents me laissaient-ils tellement seule devant Mademoiselle B. ?
Le professeur a continué d'établir ses fiches. Odile SAUVAGE : menuisier. Annick SERVIÉRES : charpentier. Fanny TURQUIN : n'importe qui.

Henriette

Madame l'institutrice en retraite,
Pour la première fois, je vais te tutoyer. Par mépris. Et parce qu'à l'époque des faits, je n'ai eu que le droit de subir ton humiliation. Souviens-toi. En 1968, l'École du Bourgeau à Romorantin. La classe d'Études primaires. J'étais une adolescente de quatorze ans. Bonnc élève… avant toi. Mon carnet de notes le prouve.

Ce jour-là, nous devions rendre nos compositions et tu nous attendais assise derrière ton bureau. Lorsque ce fut mon tour, tu attrapas violemment mon bras, brandissant mon gilet à la classe entière en criant : « Marie-Claude POMMIER, nous ne sommes pas dans une porcherie. »
Mon gilet à dessins avait des côtes roses unies, assombries de taches grises aux poignets. Et tu nous exhibas ainsi, trop longtemps, avec méchanceté.
Le feu embrasa mon visage et j'avais le cœur en marmelade. Toute la classe me regardait. Je suis retournée à ma place en baissant les yeux. Un animal blessé. Lorsque j'ai pu relever la tête, j'ai rencontré le regard de ma voisine. Triste. J'étais muette de honte. Le silence régnait.

Tes yeux derrière tes lunettes à monture noire me scrutaient encore. Des éclats d'acier impitoyables. Qui me regardaient avec dépit. J'ai compris alors que tu ne m'aimais pas. J'ai eu peur. Puis je t'ai détestée.
Toi, l'institutrice respectable, en quelques instants, tu venais de briser le silence de ma misère. Il faut dire que j'avais pourtant fouillé dans l'armoire, sur la petite étagère qui m'était réservée. J'avais si peu d'habits. Et maman ne lavait pas souvent notre linge. Je n'avais trouvé que ce gilet pas très frais, même un pcu sale.
Ma mère restait souvent dans sa chambre aux volets clos. Et quand je revenais de l'école, j'ouvrais doucement la porte et je lui parlais à voix basse.
Depuis quatre ans, elle n'avait pas fait le deuil de mon père décédé accidentellement, la laissant seule pour élever huit enfants. Alors on grandissait comme on pouvait dans notre Cité d'Urgence inaugurée en 1954 par l'abbé Pierre.
Sais-tu ce que je regrette ?
C'est que tu aies été ma dernière institutrice. Parmi les souvenirs de cette époque, c'est celui-ci que je raconte encore aujourd'hui avec la même douleur.
Tu m'as gâché ma dernière année d'école.

Marie-Claude

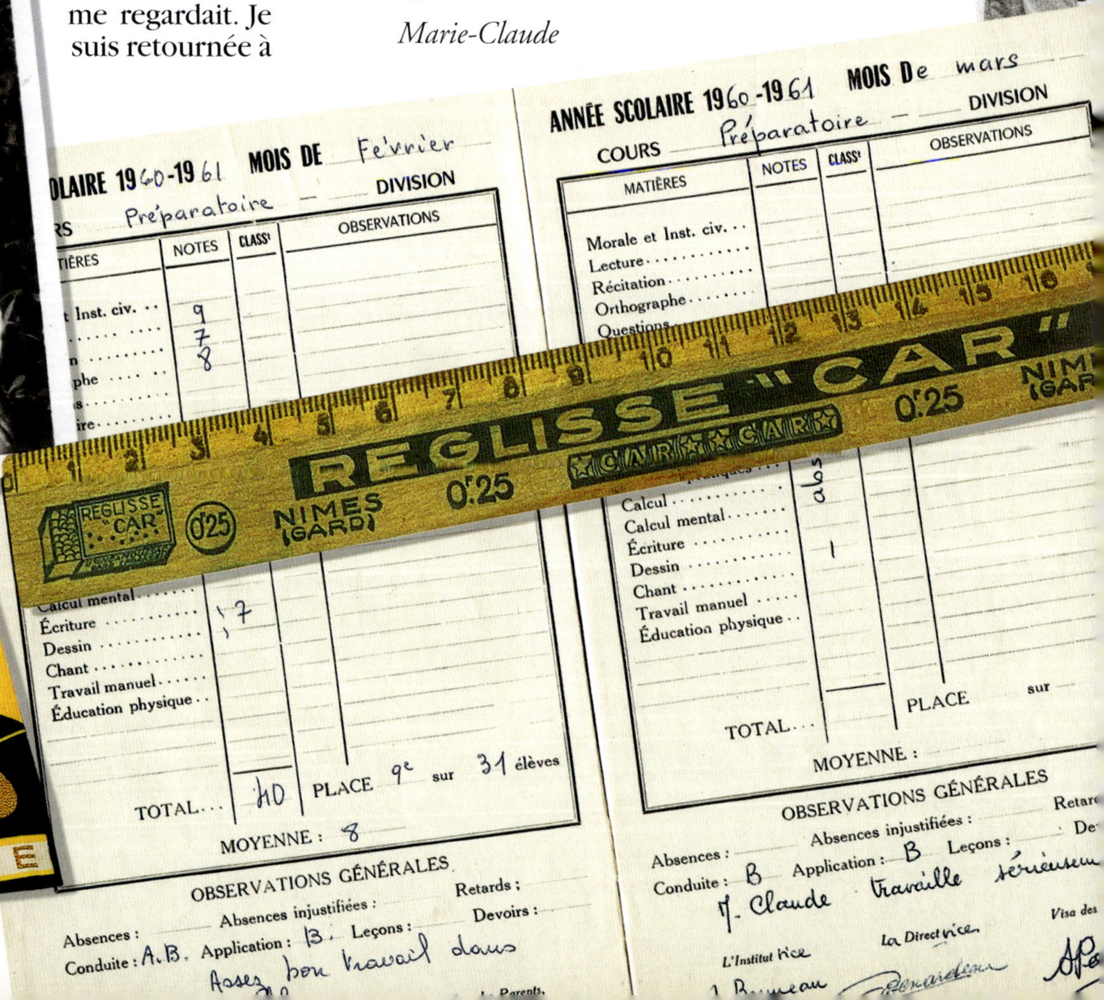

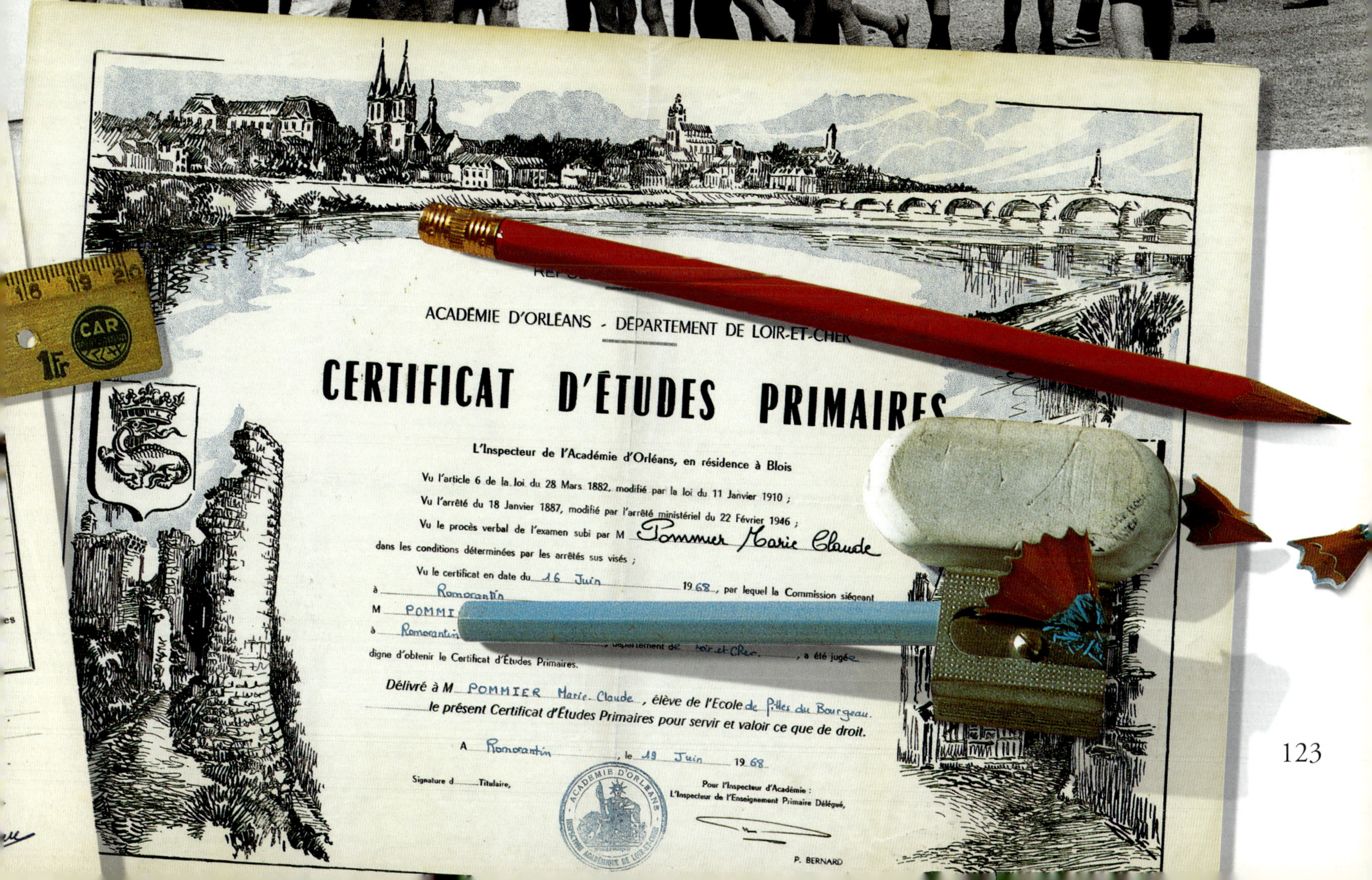

ACADÉMIE D'ORLÉANS - DÉPARTEMENT DE LOIR-ET-CHER

CERTIFICAT D'ÉTUDES PRIMAIRES

L'Inspecteur de l'Académie d'Orléans, en résidence à Blois

Vu l'article 6 de la loi du 28 Mars 1882, modifié par la loi du 11 Janvier 1910 ;

Vu l'arrêté du 18 Janvier 1887, modifié par l'arrêté ministériel du 22 Février 1946 ;

Vu le procès verbal de l'examen subi par M Pommier Marie Claude dans les conditions déterminées par les arrêtés sus visés ;

Vu le certificat en date du 16 Juin 1968, par lequel la Commission siégeant à Romorantin

M POMMI

à Romorantin

département de Loir et Cher, a été jugée digne d'obtenir le Certificat d'Études Primaires.

Délivré à M POMMIER Marie-Claude, élève de l'Ecole de Filles du Bourgeau le présent Certificat d'Études Primaires pour servir et valoir ce que de droit.

A Romorantin, le 19 Juin 1968

Signature d......Titulaire,

ACADÉMIE D'ORLÉANS — INSPECTION ACADÉMIQUE DE LOIR-ET-CHER

Pour l'Inspecteur d'Académie :
L'Inspecteur de l'Enseignement Primaire Délégué,

P. BERNARD

J'étais un élève un peu difficile mais un bon élève, bien élevé, bien instruit par mes parents et par mes maîtres successifs quant au respect des êtres, des animaux et des choses.
Des fenêtres on voyait se construire le Périphérique qui bouffait les jardins ouvriers des gars de la Butte rouge ou des Lilas. Tous mes potes d'école étaient des vrais potes en acier bleu et dedans, il y avait des juifs, des noirs, des normaux et on se marrait fort. Dans le tas de rigolards, mon voisin d'encrier s'appelait Frank Eskenazi. Un rouquin à taches de rousseur, tous comme moi, avec une tronche qui allait bien avec son nom. Il était super bon, il ne parlait pas, sauf pour dire qu'il y avait certainement une raison pour laquelle la prof de chant avait les cheveux et les sourcils de couleurs différentes, et qu'il connaissait la réponse. Il devint un vrai pote à vie quand il me l'a dit. Et tous les jours que le Bon Dieu ne faisait pas mais qui se bousculaient dans l'ordre, vous rentriez dans la classe ; vous rentriez comme un chat, savourant le chahut qui vous permettrait de sévir. Et quand le silence se faisait brusquement (pé, le v'la !), vous disiez d'une voix claire : « Est-ce que… Nazi est là ? »
Alors Frank posait ses lunettes soigneusement sur notre table, devant lui. Il se déployait en vrille pour se tenir droit, il marchait vers vous, monsieur Lantoine. Il marchait vers vous mon pote Frank « Estcequenaziestlà ». Il s'arrêtait à distance de crochet et vous lui colliez chaque jour une gifle magistrale qui le faisait ployer. Puis vous disiez : « Nazi est là ! » et il retournait à sa place dans la séquence inverse. La vie reprenait. Je suis intervenu une fois pour que cela cesse et vous m'avez arraché une touffe de cheveux des pattes en me brisant l'oreille. J'ai saigné. Quand je suis rentré chez moi, j'ai pleuré tout mon soûl sur l'épaule de ma mère. Elle a vite fait venir le vieux Samuel qui avait connu Freud, Groddeck et Ferenczi. Et il m'a dit que c'était à Frank de se rebeller et que ce serait peut être long pour lui. J'ai hurlé ma rage de voir mon père, qui allait se foutre sur la gueule aux Champs-Élysées pour soutenir la lutte héroïque du Viêt-minh et autres combats indigènes, ne pas défendre mon copain Frank, mon pote qui devenait juif quand vous lui parliez ainsi. Vous devez être bien vieux maintenant, l'âge de Papon au moins, mais si je vous croise dans la rue et si je vous reconnais, je vous mettrais bien une petite baffe. Pas fort

Michel

Nous étions au temps où la cité sortait de terre. Pas de relents de violence ni misère dans les banlieues: juste une odeur de béton frais omniflottante. Les rues, les places, les allées elles-mêmes étaient en devenir: d'immenses tranchées desquelles, sous le sol, surgissait le sous-sol. Une argile rouge et sèche, si stérile que n'y semblaient pousser que des silex. Les « Poclains géants », le béton, la terre, le fer à béton, le gaz, l'eau, l'électricité, le tout-à-l'égout enchevêtrés, la campagne transformée en chantier, le chantier accouchant d'une cité. J'allais sortir de l'école communale. Ayant été premier depuis le CP sans gros efforts, chargé comme le sont les bons élèves, j'imaginais continuer mon petit chemin sans que cette grisaille rigide pût me prendre à revers.

La longue descente qui mène du bon élève au cancre s'ensuivit. Longue descente pendant laquelle je tentai désespérément de m'accrocher, à travers les fenêtres du fond de la classe, au bleu du ciel, au vent d'ouest, aux nuages chargés du nord, aux averses nord-sud, aux couleurs du sud, à l'odeur des peintures encore fraîches qui me disaient sans cesse qu'il était possible de fuir, puisque les peintres n'étaient plus là.

Rien n'y fit. Indécrottable, le gargouillis du radiateur m'enchaînait à mon gargouillis intérieur, petit royaume coloré au centre duquel trônait ou flottait l'image de mon père. Mon père, cet illettré, inconnu d'après l'état civil, dont j'avais toujours caché les origines, mon père, ce sous-homme terrassier à mille lieues de ces grands hommes gris auxquels j'étais censé ressembler… plus tard.

Jean-Laurent

FRANCE
BAR

Mesdemoiselles de l'école libre, messieurs-dames de la laïqu. C'était un temps déraisonnable, mais si lointain… Souvenez-vous. On y promenait les tout-petits de classe en classe, leur culotte mouillée sur la tête. Pancartes au cou, agenouillés sur l'estrade… Vous, les maîtres d'alors, n'étiez pas bienveillants.
Vous aviez horreur des enfants sans doute. Se frotter à eux, se pencher sur leur tristesse morveuse vous répugnait. Alors vous les teniez bien en rang : les brillants, les charmants devant, ceux qui savaient plaire. Je ne savais pas. Ni drôle, ni jolie, et puis sous vos regards, les pensées et les mots qui perdaient leur chemin… J'étais ahurie. Depuis le jour où l'un d'entre vous a décroché mes mains du corsage blanc de ma mère et m'a retenue fermement jusqu'à la cloche du soir, j'y suis restée à l'école, ahurie, pour de longues années. Et jusqu'à ce que je sois enfin délivrée de l'enfance, je n'y ai pas passé un seul jour sans angoisse et sans solitude. Aucun d'entre vous ne m'a transmis la joie de lire ou le plaisir d'apprendre, mais je me souviens de vous et je vous remercie. Parce que sans vous peut-être, je n'aurais pas appris si vite la haine de l'humiliation, l'horreur du pouvoir sur les autres et la bienveillance envers mes frères humains idiots, mutiques ou ahuris…

A.M.

Mme Bataille défend à ses deux filles de me fréquenter. Elles n'ont pas le droit non plus de jouer avec Jeannine. Du coup, leurs copines non plus ne veulent pas jouer avec nous.
Quelles peuvent être les bonnes raisons de Mme Bataille d'interdire à ses filles de jouer avec nous dans la cour de récréation?
Peut-être parce que Jeannine est trop grosse? Peut-être parce que je suis trop maigre? Peut-être parce que Jeannine redouble? Jeannine ne porte pas de socquettes blanches, elle n'a pas de socquettes du tout. Elle a 12 frères et sœurs. Surtout des frères. Sa mère sonne quelques fois chez nous pour demander des pommes de terre… Chez elle, il fait tout noir, et c'est très petit. Jeannine joue dehors. Moi aussi je joue dehors parfois.
Mme Bataille dit qu'elle voit tout, même quand on est chez nous. Elle sait qui fait ses devoirs, et qui ne les fait pas. Je me demande si elle me voit quand je vais aux toilettes.

Laurence

Vous les maîtres d'alors n'étiez pas bienveillants avec les enfants.
Se frotter à eux, se pencher sur leur tristesse morveuse vous répugnait. Alors vous les teniez bien en rang : les brillants, les charmants devant, ceux qui savaient plaire.

A.M.

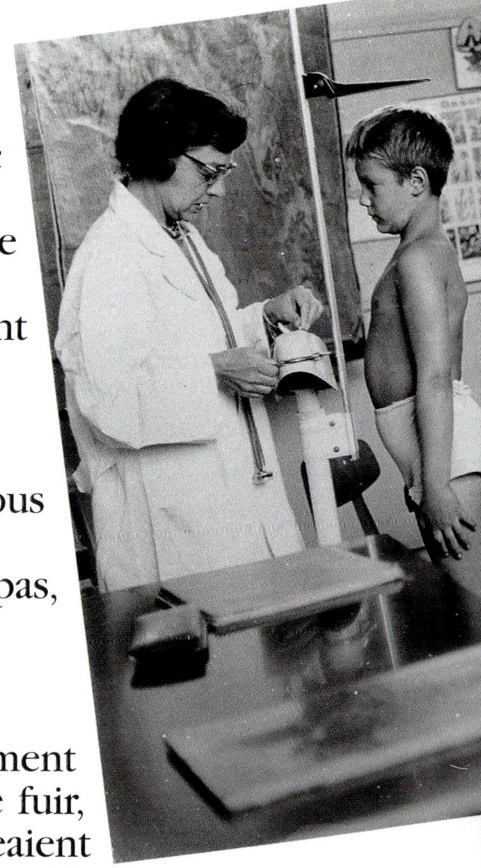

Votre arme : la note (sur 20), que vous utilisiez pour nous asservir ou nous dominer.
En ce temps-là, on ne discutait pas, on ne s'énervait pas, on laissait faire!

Richard

Ce que je me rappelle, en revanche, c'est ce sentiment d'être terrassée, annihilée, cette envie de disparaître, de fuir, ces larmes vraiment amères puisqu'elles ne me soulageaient pas, cette impression de trou sans fond et d'avenir impossible.

Martine

Il m'aura fallu trente-cinq ans pour surmonter enfin le choc de cette petite phrase, qui non seulement m'a fait cruellement douter de moi à l'âge où l'on se construit, mais a aussi rogné les ailes à l'imagination. Ma vie n'en a pas été gâchée, mais je l'ai construite sur un élan boiteux.

Martine

LE **B.C.G.** *te protègera*

Parmi les vaccinations obligatoires, figure en bonne place la vaccination antituberculeuse avec le vaccin **B.C.G.** (bacille Calmette Guérin), en bonne place puisque dans le calendrier des vaccinations diffusé par le Ministère de la Santé Publique, la vaccination **B.C.G.** est inscrite la première en date.
Quand le **B.C.G.** est introduit dans l'organisme, il empêche la pénétration des bacilles de la tuberculose que l'on prend par contagion auprès d'un tuberculeux pulmonaire connu ou ignoré.
L'enfant vacciné par le **B.C.G.** est protégé contre la méningite tuberculeuse qui, malgré les traitements modernes, peut être encore mortelle ou laisser des infirmités pour toute la vie, protégé contre la primo-infection ou la pleurésie, protégé aussi contre la phtisie dont on connaît la durée et dans bien des cas la gravité.

AU
MERITE
Oxford

Violet plénitude

Violet plénitude, couleur de la transcendance, de l'harmonie, de la sérénité, du sacrifice et de la modestie…
Est-ce le fruit du hasard si l'encre de notre petite enfance était violette ? Ils appartiennent à notre passé, les maîtres et les professeurs qui ont su nous ouvrir les portes du rêve et du savoir… Le temps du rouge et du bleu, celui de la violence et de la passion sont passés… Ils s'en sont allés les maîtres de notre temps ; il arrive que nos classes anciennes résonnent encore aujourd'hui du murmure de leurs cours et du son clair des voix de nos enfants. Il arrive qu'ils se soient rangés dans la parenthèse d'une retraite solitaire ou partagée. Il est de moins en moins rare qu'ils soient endormis sous le marbre des tombes ou sous le gazon des cimetières.

Ils ont pu nous donner une seconde naissance, ces passeurs d'âmes, lorsqu'ils ont su ne pas se venger sur nous de leurs inévitables déceptions ; lorsqu'ils eurent le savoir-vivre de ne pas nous faire payer par dépit la rançon de leurs doutes, le prix de leurs angoisses, la caution de leurs blessures et de leurs incertitudes…

Ils resteront pour nous le point de repère et de référence : gardiens de phare, nautoniers du pays de la connaissance toujours fascinante, toujours infinie, toujours inassouvie… Vigies vigilantes, balises ancrées, enracinées sous la voûte du firmament, sous la trajectoire fulgurante des étoiles filantes… Ils garderont pour nous la fonction des quatre points cardinaux, et le seul souvenir de leur enseignement nous permettra de redonner le nord à la girouette de notre vie affolée par les grands courants de l'existence…

tout ce qui
3 + 2 =
1 + 4 =
0 + 5 =
Lundi 26 Septembre 1960.
Morale.
La discipline est une loi acceptée. Elle
doit être établie dans la famille, à l'école,
dans la vie. Il faut s'habituer à observer l
règle en toutes circonstances.
Dictée.
Le maître alla
1356: Prise de Poitiers par les Anglais états généraux
convoqués.
Classement de janvier
Matières
Compo
Rang
Leçons
Compo. Franç
Calcul
Orthographe
Questions
Hist et Géo
Travail
Conduite
Moyenne: 13,45
Rang: 5ème sur 9 élèves
bon travail et des résultats
satisfaisants

Lucette Payan
Mardi 3 Mai
bureau bureau bureau bureau bureau bureau
oiseau oiseau oiseau oiseau oiseau oiseau oiseau
moineau moineau moineau moineau moineau
agneau agneau agneau agneau agneau agneau
couteau couteau couteau couteau couteau couteau
bien
Dessin
t. bien

Chère mademoiselle Roitel,

Votre nom me charmait : sans doute que mariée depuis
longtemps, ce nom vous ne le portez plus. Mais pour moi,
il chantera jusqu'au bout de mes jours.
D'oiseau, vous n'aviez pas grand-chose, sauf peut-être votre
légère qui semblait si fragile, mais dégageait tant de

oi, j'étais la petite portugaise, l'immigrée parlant mal le
français ; étrangère au cœur à vif, à la rage au ventre.
J'étais celle que les enfants rejetaient dans la cour de
récréation, celle dont l'accent faisait rire. La sauvageonne
qui se battait corps et âme et ne pleurait "surtout pas"
devant les autres.

Pourtant, lentement, jour après jour, vous m'avez apprivoisée.
Des petits riens ont tout changé. C'étaient les chaussons portés
dans la classe en hiver qui donnaient chaud aux pieds et au cœur ;
les leçons de botanique dans la campagne proche où des mots nou-
-veaux s'offraient à moi. Je me souviens de digitales, étamines, bouton d'or.
des mots qui m'apportaient l'envie d'en connaître d'autres.
Et surtout votre regard, ce regard positif que vous avez su porter
sur moi. Un regard qui m'a insufflé la confiance qui me manquait.
Un regard qui savait si bien dire : "Vas-y, tu peux ! vas-y, tu
vas y arriver ! "

Grâce à vous, tout devenait possible et ma révolte a trouvé son
chemin : les livres et le savoir.
A la fin du CM2, je savais déjà quel serait mon métier :
institutrice. J'ai grandi, mon choix n'a pas varié. Depuis presque
20 ans, j'enseigne à mon tour, en région parisienne ; et à mon
tour, je porte sur mes élèves ce même regard.
Ce trésor, que vous m'avez transmis, je le distribue sans
compter, et ce n'est pas grave, car il est inépuisable.
Merci d'avoir apporté tant de pierres à ma construction.
Merci d'avoir cru en cette petite fille, qui ne croyait pas
en elle.

Maria Deolinda Ribeiro

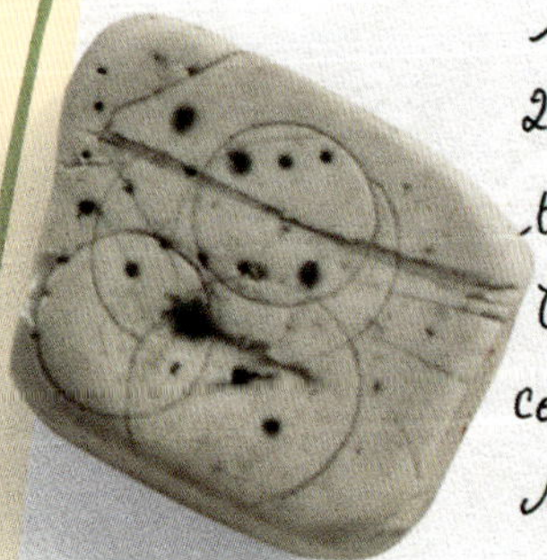

la meule du moulin
calcul
Mois de Janvier 1965
1re semaine
2me semaine
3me semaine
4me semaine
5me semaine
Politesse
Ordre
Application au travail
Leçons
Devoirs
TOTAL
Composition hebdomadaire
Classement
Visa des parents
SOUVENIR SCOLAIRE
Photo E. Chauchard, Marvejols (Lozère)
TÉL. 175
ECOLE FAMILIALE
VABRES-L'ABBAYE (Aveyron)

Souvenirs de classe de Claire Combes.
École de Vabre l'Abbaye. 1960-1964, Lozère

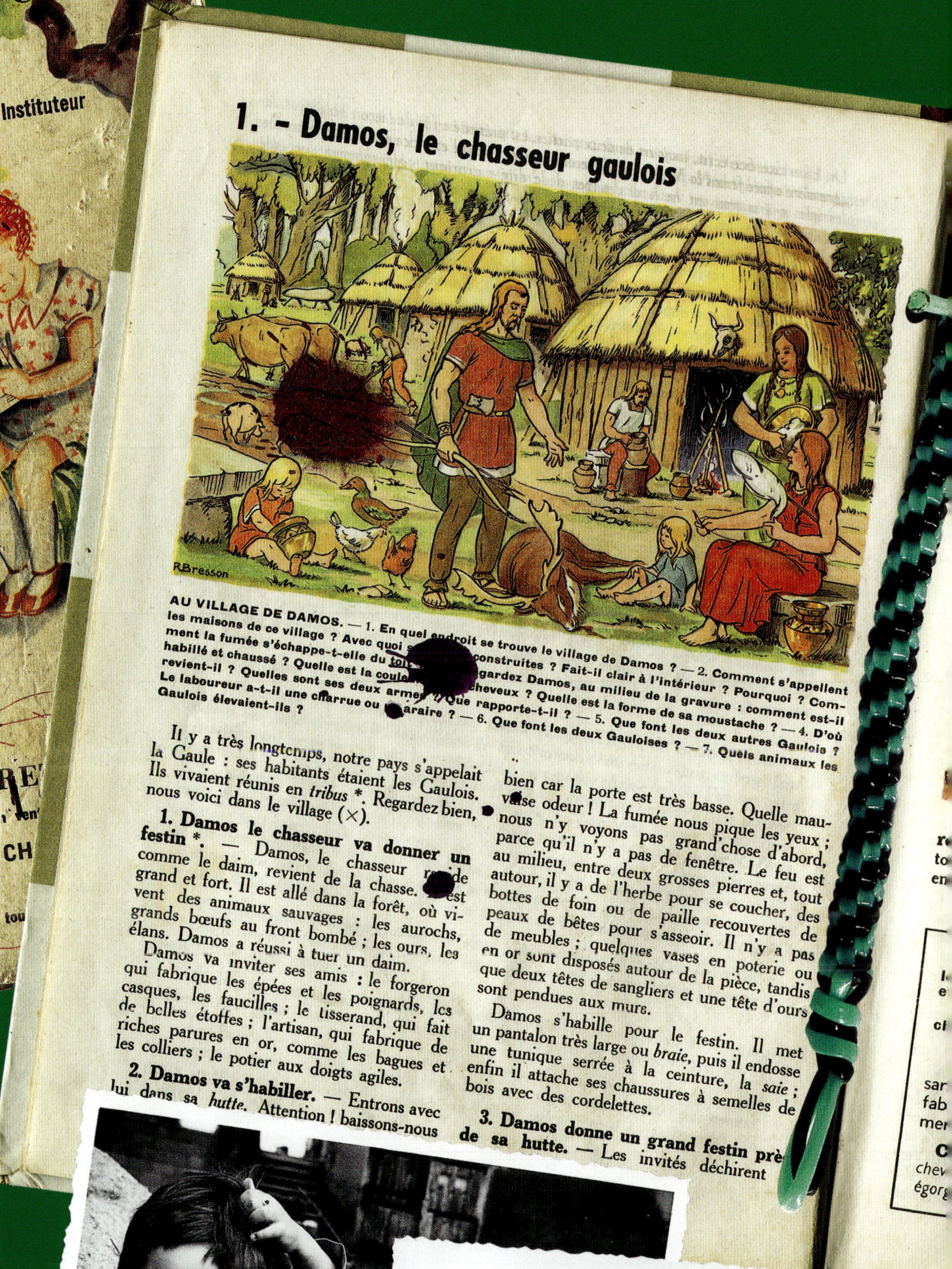

1. – Damos, le chasseur gaulois

RBresson

AU VILLAGE DE DAMOS. — 1. En quel endroit se trouve le village de Damos ? — 2. Comment s'appellent les maisons de ce village ? Avec quoi [illegible] construites ? Fait-il clair à l'intérieur ? Pourquoi ? Comment la fumée s'échappe-t-elle du toit [illegible]gardez Damos, au milieu de la gravure : comment est-il habillé et chaussé ? Quelle est la coule[illegible] cheveux ? Quelle est la forme de sa moustache ? — 4. D'où revient-il ? Quelles sont ses deux armes ? Que rapporte-t-il ? — 5. Que font les deux autres Gaulois ? Le laboureur a-t-il une charrue ou [illegible]araire ? — 6. Que font les deux Gauloises ? — 7. Quels animaux les Gaulois élevaient-ils ?

Il y a très longtemps, notre pays s'appelait la Gaule : ses habitants étaient les Gaulois. Ils vivaient réunis en *tribus* *. Regardez bien, nous voici dans le village (×).

1. Damos le chasseur va donner un festin *. — Damos, le chasseur [illegible]de comme le daim, revient de la chasse. [illegible]est grand et fort. Il est allé dans la forêt, où vivent des animaux sauvages : les aurochs, grands bœufs au front bombé ; les ours, les élans. Damos a réussi à tuer un daim.

Damos va inviter ses amis : le forgeron qui fabrique les épées et les poignards, les casques, les faucilles ; le tisserand, qui fait de belles étoffes ; l'artisan, qui fabrique de riches parures en or, comme les bagues et les colliers ; le potier aux doigts agiles.

2. Damos va s'habiller. — Entrons avec lui dans sa *hutte*. Attention ! baissons-nous bien car la porte est très basse. Quelle mauvaise odeur ! La fumée nous pique les yeux ; nous n'y voyons pas grand'chose d'abord, parce qu'il n'y a pas de fenêtre. Le feu est au milieu, entre deux grosses pierres et, tout autour, il y a de l'herbe pour se coucher, des bottes de foin ou de paille recouvertes de peaux de bêtes pour s'asseoir. Il n'y a pas de meubles ; quelques vases en poterie ou en or sont disposés autour de la pièce, tandis que deux têtes de sangliers et une tête d'ours sont pendues aux murs.

Damos s'habille pour le festin. Il met un pantalon très large ou *braie*, puis il endosse une tunique serrée à la ceinture, la *saie* ; enfin il attache ses chaussures à semelles de bois avec des cordelettes.

3. Damos donne un grand festin près de sa hutte. — Les invités déchirent

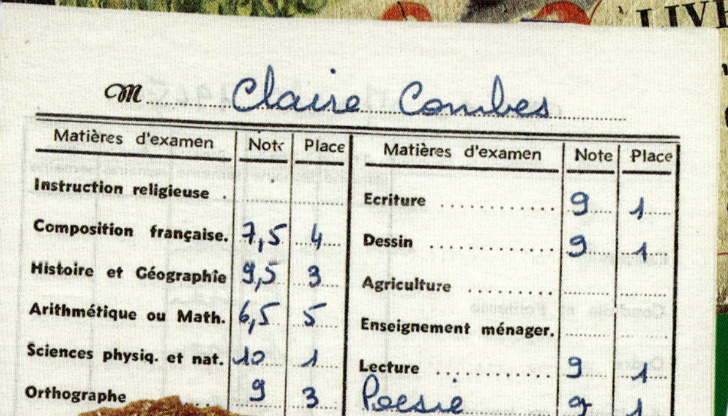

M. Claire Combes

Matières d'examen	Note	Place	Matières d'examen	Note	Place
Instruction religieuse			Ecriture	9	1
Composition française.	7,5	4	Dessin	9	1
Histoire et Géographie	9,5	3	Agriculture		
Arithmétique ou Math.	6,5	5	Enseignement ménager.		
Sciences physiq. et nat.	10	1	Lecture	9	1
Orthographe	9	3	Poesie	9	1
				78,5	

TION

Je parle là d'un temps où les enfants, même les tout-petits, ne tutoyaient pas leur maîtresse, ni ne l'appelaient par son prénom. Pour nous tous, à l'école, vous étiez Madame. Dans cette grande salle au plancher usé, chauffée par un vieux poêle à charbon, nous étions une cinquantaine. C'était la classe enfantine, on ne disait pas encore maternelle. Aux murs, des images mises sous verre par votre mari (les fables de La Fontaine, le moulin de Daudet), sur les étagères des curiosités rapportées de vos vacances : un écureuil empaillé, une coulure de soufre de Lacq, un pot de résine landaise… C'est là que nous avons commencé à tirer la langue en nous appliquant à coller des gommettes, à dessiner des bonhommes et des arbres, à travailler la pâte à modeler, à parler correctement, à écouter, à nous taire… À la récréation, nous avions un bol de lait.

1958, dans la classe enfantine.

Et puis ce fut le cours préparatoire. Nous avions déménagé dans une nouvelle école, moderne (il y avait le chauffage central et des toilettes à l'intérieur !), située à côté du terrain de foot. Le samedi après-midi, c'était plein air, et aux beaux jours nous en profitions largement.
Sur le classeur à rideaux, l'écureuil s'était fait de nouveaux copains, une cigale et un hippocampe. Nous avons alors découvert la lecture, l'écriture, le calcul. Vous nous avez donné tous les outils qui nous ont permis d'acquérir la connaissance, d'appréhender le monde extérieur, d'éveiller notre intelligence, de satisfaire notre curiosité ; à combien de questions n'avez vous pas répondu pour étancher notre soif de savoir ! Comment faisiez-vous pour vous consacrer à chacun, tout en vous occupant de tous ? J'avoue que parfois j'étais un peu jaloux, j'aurais voulu vous avoir pour moi tout seul…

Pendant les deux ans de cours élémentaire, deux jeunes institutrices nous ont pris en charge ; mais à la récréation vous surveilliez nos jeux de votre regard vigilant. Et quand vous claquiez dans vos mains, les rangs par deux ne traînaient pas à se former.

Fin décembre, c'est votre mari, toujours à vos côtés pour vous aider, qui faisait le Père Noël. Personne ne l'a jamais reconnu. Il distribuait friandises et jouets, parmi lesquels des poupées dont vous aviez tricoté vous même la robe : que d'heures de travail passées, par souci d'économie pour l'école ! À la distribution des prix, c'est vous qui dirigiez la cérémonie.
Nous vous avons — et j'ai cru que c'était par hasard — retrouvée au cours moyen ; la petite troupe avait grandi, certains voulaient aller en fin d'études pour préparer le certificat, quelques- uns envisageaient la sixième. Nous avons retrouvé aussi votre exigence. Quand nous ne comprenions pas, vous nous qualifiiez d'« inturnes ». Ce mot mystérieux vous venait de votre mère. Nous n'avons jamais osé demander ce qu'il voulait dire… La classe commençait toujours par la leçon de morale, puis les opérations, les sciences, l'histoire, la géographie, la grammaire, la rédaction, la dictée… La dictée ! Mon point fort. Un jour pourtant, lors de la correction, vous m'avez envoyé au tableau écrire le mot cargo…

J'ai mis un t au bout… Aïe ! Aujourd'hui encore j'en garde un souvenir cuisant ! La honte, dirait-on maintenant…
Pourtant il y a paquebot, escargot… Satanée langue française. J'ai juré qu'on ne m'y reprendrait plus. Alors un jour où je ne savais pas comment on écrivait métayer, j'ai copié sur ma voisine. Mon cœur battait à cent à l'heure. Jamais plus je n'ai triché, j'avais eu trop peur ! Je crois que vous ne l'avez jamais su. Le soir, après la classe, vous me faisiez rester à l'étude, avec les grands du cours de fin d'études, pour faire des exercices de préparation au certificat. C'était la grande époque de l'arithmétique et du calcul mental. Aujourd'hui encore, je ne prends jamais une calculette sans avoir un peu mauvaise conscience…
Un jour, un photographe est venu. Il nous a fixés sur papier glacé. J'ai cette photo de l'année 1961-1962 sous les yeux : nous étions, j'en suis effaré, quarante ! Si tous ces visages, dont je croyais la plupart oubliés, me reviennent en mémoire, les noms sont plus réticents. Seuls les plus proches subsistent : Colette, Serge, Marie-Brigitte, Pierre, Agnès, Jean-Pierre, Martine, un autre Serge, Dominique, Daniel… Et puis nous nous sommes perdus de vue. J'ai su que deux déjà nous ont quittés.
Que de jeux, de disputes, d'émotions avons-nous eus en commun ! Mais je suis sûr que le souvenir qui est le plus net dans notre esprit est celui de votre silhouette droite et de votre voix forte et claire.
Vous nous avez formés de façon stricte, parfois sévère, mais vous nous avez — aujourd'hui je le sais — surtout beaucoup aimés, tous. Votre vie a été consacrée à l'école, à vos élèves. Encore aujourd'hui vous êtes capable de donner la date de naissance de beaucoup d'entre eux !

Quarante trois ans après, dans la classe de ma sœur…

D'autres nous ont encore succédé jusqu'en 1975, année de votre retraite. Je n'ai pas pu me libérer pour assister à votre dernière distribution des prix, car fraîchement sorti de l'École normale — là aussi il n'y a pas de hasard — je me devais à mes élèves. On m'a raconté que ce jour-là, vous, toujours si ponctuelle, étiez en retard à cause de votre coiffeur ! C'était peut-être la première fois dans une carrière où vous arriviez si souvent en avance pour préparer votre tableau et partiez si souvent tard après avoir corrigé vos cahiers.
Aujourd'hui j'ai quarante-huit ans. Vous en avez quatre-vingt-cinq et avez toujours bon pied bon œil. Mes camarades de classe et moi, nous savons tout ce que nous vous devons et nous vous en serons toujours reconnaissants.
Quant à moi, je tiens à vous dire combien je vous remercie et je vous respecte, Madame. Et aussi combien je t'aime, maman.

Pierre

Nous écrivons sur une copie où chacune a d'abord inscrit en haut et à gauche son prénom et son nom, en haut et à droite la date, et au milieu le mot « Dictée » qu'il a fallu, comme le nom et la date, souligner en faisant habilement glisser sa plume le long d'une règle sans qu'il y ait de bavures. Le trait doit être parfaitement droit et net.

La maîtresse se promène dans les travées entre les pupitres, sa voix sonne clair, elle articule chaque mot très distinctement, parfois même elle triche un peu en accentuant exprès une liaison, pour nous aider, pour nous faire entendre par quelle lettre tel mot se termine. Les mots de la dictée semblent être des mots choisis pour leur beauté, leur pureté parfaite. Chacun se détache avec netteté, sa forme se dessine comme jamais celle d'aucun mot de mes livres… et puis avec aisance, avec une naturelle élégance, il se rattache au mot qui le précède et à celui qui le suit… il faut faire attention de ne pas les abîmer… une légère angoisse m'agite tandis que je cherche… ce mot que j'écris est-il bien identique à celui que j'ai déjà vu, que je connais ?

Nathalie Sarraute, Enfance.

feuilletera
ans, tu te
tu penseras
u te souvien:
des moments
de d'internas

Mes premières perceptions de cette enfance- là sont olfactives. Le muguet, le lilas, car votre classe était avant tout une classe de printemps. Qu'ils soient de « vacances » ou « d'école », nos jours avaient le débit lent et paisible des fleuves bleus de vos cartes de géographie. L'histoire était belle, surgie de ces planches géantes où notre imagination nous rivait à nos pupitres. Tout était facile et clair. Voilà qui pourrait passer pour de banals souvenirs d'enfance enjolivés par les oublis du temps qui passe.

Or le plus curieux est ailleurs. L'essentiel est bien réel et présent dans mon quotidien. C'est votre capacité à rendre le bonheur accessible. La confiance, la liberté, la sagesse, la sécurité, le plaisir sont enchassés dans le mortier des strates successives de ma vie. Mes choix, mes décisions, mes blessures, mes rêves et mes réalités en sont nourris. Pas un ami, pas une personne aimée qui depuis n'ait traversé ma vie sans vous connaître. Je vous nomme souvent, mademoiselle Marguerite, et pourtant ma force vient d'un domaine imperméable aux mots : ces trois ou quatre années où seule la petite enfance a le privilège de connaître l'éternité.

Claire

Le dormeur du val
Les pieds dans les glaïeuls il dort souriant comme
Sourirait un enfant malade, il fait un somme.
Nature, berce-le chaudement, il a froid
Les parfums ne font pas
Il dort dans le soleil, la
Tranquille. Il a deux trous

Pendant longtemps, rien n'a eu plus d'importance à mes yeux que le regard que vous portiez sur moi. Plusieurs raisons à cela : d'abord vous vous teniez droite, pas raide, droite. De cette droiture de tuteur qui, sans pour autant inspirer le respect, le suggère. Puis il m'arrivait une chose rare quand je passais le seuil de votre classe. Une sensation que je n'éprouvais nulle part ailleurs. Un mélange de fierté, de curiosité et d'appartenance. Une émotion semblable à celle qui vous étreint lorsque vous franchissez la frontière d'un pays qui vous ressemble. Je n'entrais pas dans votre salle de classe, je m'y embarquais. Traversée aléatoire d'une explication de texte, cabotage le long des récifs grammaticaux, tempête verbale d'une lecture à trois voix, ou mieux, mise à sac d'un sujet de rédaction. Qu'importe la destination ! J'étais là, sur le pont, avec vous, disponible, présent, prêt à tous les assauts. Souvent, vous sembliez désarmée, déroutée par cet enthousiasme mercenaire, débordant et exclusif.

La fin de l'année approchant, vous saviez, au vue de mes résultats désastreux dans les autres matières, quel sort me réservait l'Éducation nationale. Et vous, rigoureuse par nature, autoritaire par choix, vous vous défendiez de parler de gâchis... Alors, puisqu'il n'existait plus d'enjeu entre nous, il n'y eut plus ni d'élève, ni de professeur. Je suis monté sur l'estrade plus souvent qu'à mon tour lire à votre invite la somme noircie de mes nuits blanches. Des pages et des pages que je vous remettais ensuite en main propre comme votre part de butin. En échange, vous me livriez des titres à me procurer et dont, à coup sûr, la lecture me réjouirait. Aimables conseils que je m'empressais de dérober dans la librairie voisine.

Il ne me restait plus que quelques jours de classe, quand j'ai décidé de quitter à jamais le collège. Je ne suis jamais revenu vous voir. Mais je garde en mémoire cette phrase de vous, annotée d'un rouge correcteur, au bas de ma dernière rédaction : « Il n'y a que les imbéciles pour juger un homme au poids de ses diplômes. » Cette évidence, cette vérité, je l'affectionne encore.

Christophe

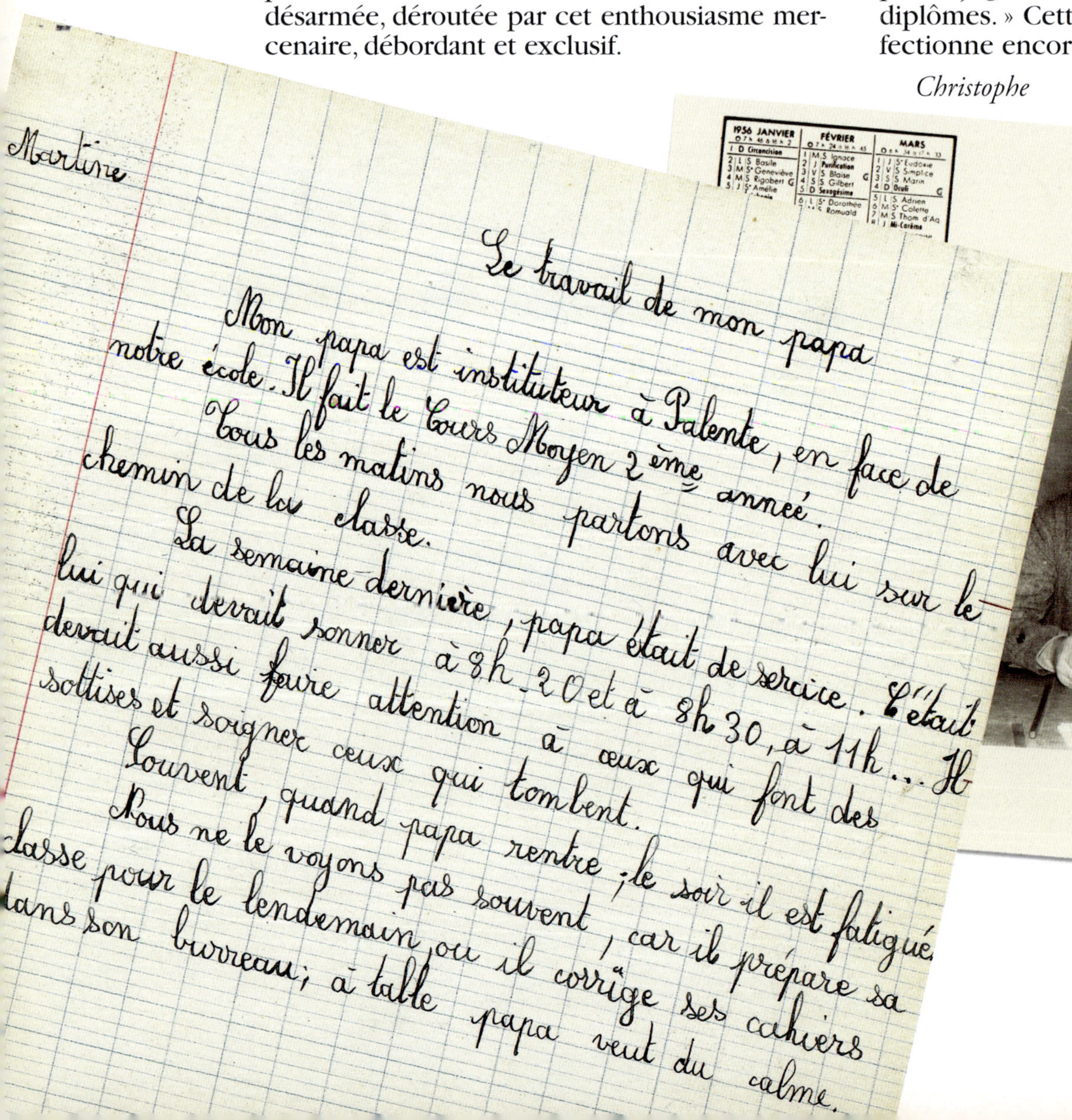

Martine

Le travail de mon papa

Mon papa est instituteur à Palente, en face de notre école. Il fait le Cours Moyen 2ème année.

Tous les matins nous partons avec lui sur le chemin de la classe.

La semaine dernière, papa était de service. C'était lui qui devait sonner à 8h 20 et à 8h 30, à 11h... Il devait aussi faire attention à ceux qui font des sottises et soigner ceux qui tombent.

Souvent, quand papa rentre, le soir il est fatigué.

Nous ne le voyons pas souvent, car il prépare sa classe pour le lendemain, ou il corrige ses cahiers dans son bureau; à table papa veut du calme.

daim sain
lecture p 52-53
c'est vendredi
verse le train
d'étain

Un costume, une cravate, une tête ronde. Une photographie plus grande que les autres, une statue entourée de dizaines de bambins en culottes courtes, bras croisés pour la plupart, un peu figés dans l'instant qui devait être important. Une photo de classe, un portrait officiel tout en nuances de gris. Et je n'ai plus vu que vous : l'homme, le seul du groupe. Un léger sourire. Là aussi, l'occasion avait réussi à vous composer un visage à l'image du personnage : sévère mais juste ; juste et bon. Et j'ai entendu votre voix de basse, ses accents rocailleux, terriens à tout le moins comme votre bon sens ardennais.

D'autres, les plus jeunes de vos collègues, ralliaient tous nos suffrages en se couvrant de boue sur les terrains de foot du mercredi après-midi. Vous regardiez cela de loin, les lunettes malicieuses, conscient de vos séductions. Parmi elles, l'armoire aux merveilles ! Le monde, pas moins, tenait entre ses planches : l'eau comme le feu, la pierre autant que le vent. Des céréales, des minéraux, des animaux empaillés, des moulages, des empreintes, des fleurs séchées, un crâne de lapin nettoyé par les fourmis, un coffret en bois tout à la gloire du chocolat, des fossiles, du charbon, des métaux. Accumulation de toute une vie vouée à la transmission du savoir. Le temps du cliché, vous aviez délaissé l'uniforme gris-bleu. Je l'ai dit : un portrait tout en nuances de gris. Chaque matin, le cache-poussière (poussière de craie, évidemment !) vous attendait au mur. Le cérémonial auquel vous vous livriez achevait de nous ramener sur terre plus sûrement que le signe de croix : la journée allait commencer. Au crochet du porte-manteau, le chapeau gris anthracite guetterait la fin des cours.

Exigence et rectitude, vous étiez à l'image de la règle en bois, cette autre compagne fidèle de votre « vie-à-vous ». Attention, la règle, c'était pour soutenir le discours, jamais pour taper. Ce temps-là avait fui, déjà ! Et pourtant, vous étiez un vieux de la vieille…

La bibliothèque ! Des livres par centaines. Tous plus vieux que le monde. Recouverts d'un mélange de papier kraft et de poussière, dûment étiquetés et référencés, ils m'ont inoculé un peu du bonheur de lire. Et les histoires ! Les primaires, nous commencions à en deviner la chute ; nous étions des grands. Et pourtant, quand la matinée avait été bonne, le prof nous lisait une histoire. Maître-feuilletoniste, vous jouiez notre attention contre la cloche. Vous saviez qu'elle aurait le dernier mot. Mais vous saviez aussi que vous reprendriez l'avantage au prochain épisode.

Vous étiez un enthousiaste. Enthousiaste de la vie et du monde des hommes, ce monde auquel il nous faudrait un jour nous frotter. Ce monde pour lequel vous nous peaufiniez de bien beaux outils. Vous faisiez le plus beau métier du monde, rien de moins. Il me fallut des années pour en douter, rien qu'un peu. J'avais pris alors votre place entre les bancs et le tableau noir, mais ceci est une autre histoire…

Thierry

Londres
Paris

DATE
CLASSE
LIEU
PROGRAMME
DÉPARTEMENT DE SEINE-ET-OISE
RÉPUBLIQUE FRANÇAISE
ÉDUCATION NATIONALE
L'INSPECTEUR D'ACADÉMIE DU
RÉPUBLIQUE FRANÇAISE
ÉDUCATION NATIONALE
ACADÉMIE DE PARIS
DÉPARTEMENT DE SEINE-ET-OISE
CERTIFICAT D'ÉTUDES PRIMAIRES ÉLÉMENTAIRES
L'Inspecteur d'Académie du Département de Seine-et-Oise, vu le procès-verbal de l'examen
subi le 25 JUIN 1962 devant la Commission siégeant à Pontoise
Conformément aux Arrêtés Ministériels des 18 Janvier 1887, 28 Octobre 1947, 16 Avril 1948 et 30 Mai 1949.
par Mademoiselle
Département de la Seine
née le 15 Février 1948
pour servir et valoir ce que de droit.
lui délivre le présent Certificat d'Étu
à Versailles, le 25 JUIN 1962
L'Inspecteur primaire :
M. DURU
INSPECTION ACADÉMIQUE DE SEINE-ET-OISE

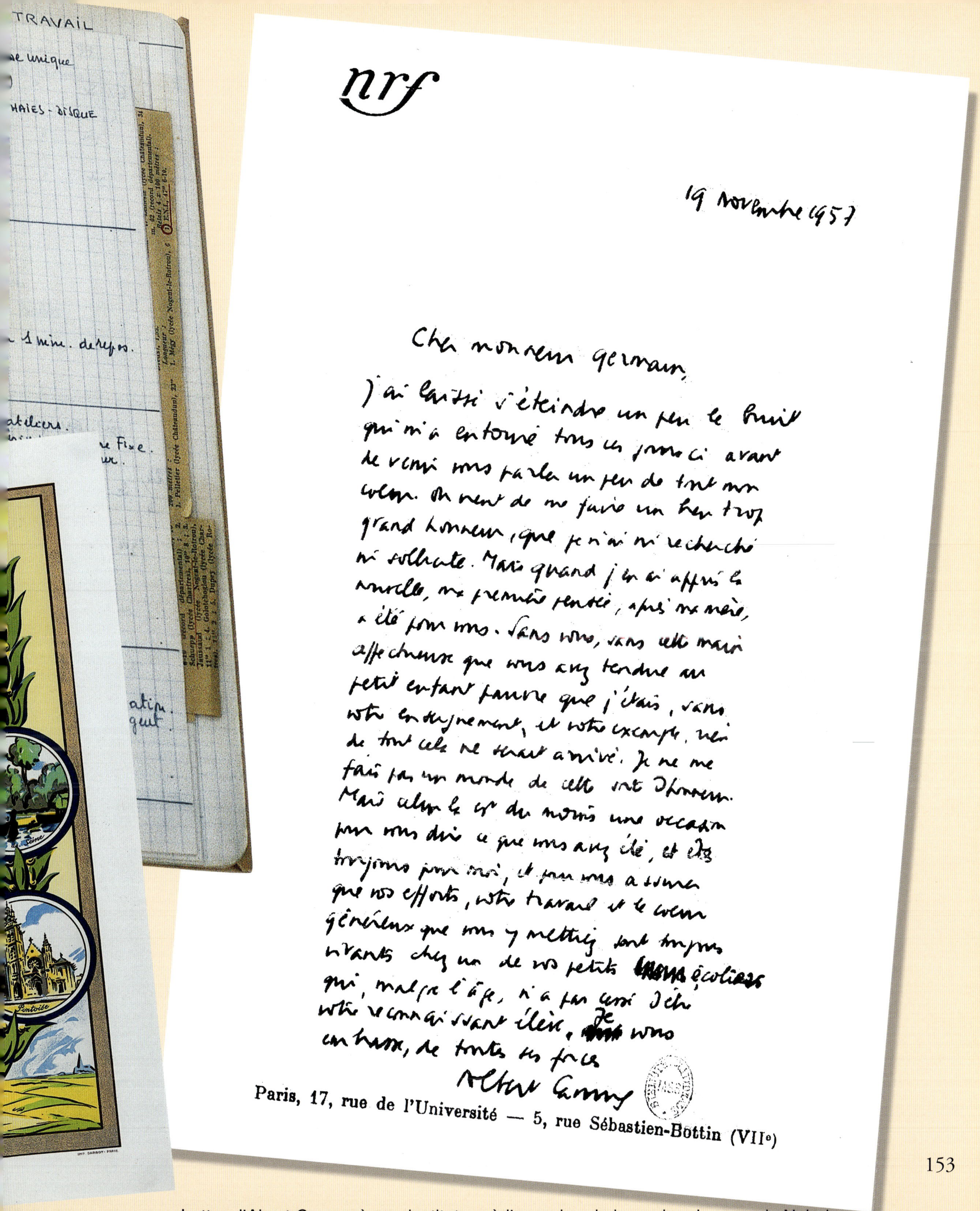

nrf

19 novembre 1957

Cher Monsieur Germain,

J'ai laissé s'éteindre un peu le bruit qui m'a entouré tous ces jours-ci avant de venir vous parler un peu de tout mon cœur. On vient de me faire un bien trop grand honneur, que je n'ai ni recherché ni sollicité. Mais quand j'en ai appris la nouvelle, ma première pensée, après ma mère, a été pour vous. Sans vous, sans cette main affectueuse que vous avez tendue au petit enfant pauvre que j'étais, sans votre enseignement, et votre exemple, rien de tout cela ne serait arrivé. Je ne me fais pas un monde de cette sorte d'honneur. Mais celui-là est du moins une occasion pour vous dire ce que vous avez été, et êtes toujours pour moi, et pour vous assurer que vos efforts, votre travail et le cœur généreux que vous y mettiez sont toujours vivants chez un de vos petits écoliers qui, malgré l'âge, n'a pas cessé d'être votre reconnaissant élève. Je vous embrasse, de toutes mes forces.

Albert Camus

Paris, 17, rue de l'Université — 5, rue Sébastien-Bottin (VIIe)

Lettre d'Abert Camus à son instituteur à l'occasion de la remise de son prix Nobel.

Je suis à présent presque une vieille dame, mais c'est à toi pour l'essentiel que je dois la sérénité et la passion qui m'animent encore.

Julietta

En quelques jours, j'étais devenue une personne, unique, digne d'être écoutée, aimée, respectée.

Julietta

En vous écrivant ces mots, je ne peux m'empêcher de pleurer car vous étiez plus qu'une maîtresse d'école, vous étiez une vraie mère.

Annette

J'ai survécu à de graves difficultés personnelles et, durant de très longues années, à l'abri dans mon petit sac à main, j'ai conservé précieusement mes derniers bulletins scolaires, comme la preuve d'une flamme qui brillait au fond de moi.

Isabelle

Je ne suis jamais revenu vous voir. Mais je garde en mémoire cette phrase de vous, annotée d'un rouge correcteur, au bas de ma dernière rédaction : « Il n'y a que les imbéciles pour juger un homme au poids de ses diplômes. »

Christophe

Vous étiez un enthousiaste. Enthousiaste de la vie et des hommes.

Thierry

Merci de m'avoir enseigné la plus belle des « leçons de choses » : garder vivant en moi l'enfant que j'étais.

Saïd

Que la terre vous soit légère. S'il existe un paradis, qu'il soit vôtre.

André

Jamais encore je n'ai eu le courage de me rendre sur votre tombe. À quoi bon ? Votre tombe est là, dans mon cœur, dans mes mots, dans mes gestes. Ma vie entière vous est dédiée.

Lucie

Conclusion

Icare selon Brueghel avait — comme tous ses autres frères en peinture — conçu des ailes avec un peu de plumes et de cire pour échapper au labyrinthe de sa condition… Mais quand il vint à prendre de l'altitude, il céda à la tentation d'utiliser ses ailes pour défier, pour dominer, pour écraser le monde… Nombreux furent les peintres qui dessinèrent Icare tel un guerrier flamboyant, en pleine chute et sous un soleil de plomb. Chez Brueghel, Icare a déjà disparu. Sa chute n'est déjà plus qu'une anecdote qui a presque sombré dans l'oubli alors même que la mer vient d'avaler son corps… Et pour abattre l'orgueil de cet archange ailé dont seule la cheville dépasse encore des vagues, sous le regard indifférent d'un pêcheur, il aura suffi d'un soleil couchant, mollement posé sur la main de l'horizon…

En ces temps de paillettes où l'on nous fait croire qu'être c'est avoir, il faudrait peindre à nouveau la chute d'Icare. Et le peintre serait bien inspiré de remplacer cette fois-ci le soleil par un arc-en-ciel. Afin de renforcer encore l'ironie, la leçon de Brueghel, et de bien rappeler à chacun de nous que nous vivons tous au diapason de ce pont magique, dont la lumière a tressé la chevelure avec les fils de la couleur et de l'eau : et c'est parce que nous ne savons jamais si cet arc-en-ciel est le signe du commencement ou de la fin du déluge que nous gardons une chance, toute mince et tout en demi-teintes, de ne pas mourir étouffés sous le poids de nos masques et de nos certitudes, et de ne pas perdre complètement le souvenir, la trace de cet esprit d'humanité qui habitait le regard bienveillant de certains de nos maîtres…

RÉGLISSE FLORENT
PÂTE de RÉGLISSE VANILLÉE
AUX DEUX LIONS
E.R.F.
MARQUE DE FABRIQUE
Délicieuse au goût, cette Pâte très adoucissante et pectorale, facilite la digestion et l'expectoration et calme la Toux, les Rhumes et les Enrouements
FABRIQUÉE À LA GRANDE RÉGLISSERIE DE CANTAREL-AVIGNON (FRANCE)

Iconographie

Page 1/Photo Jérôme Pecnard, collection Rachel Grunstein,
Page 2/Photo Claudine Huza Maréchal, Éditions Denoël,
Page 3/Collection Musée de Rouen,
Page 4/Photo Jérôme Pecnard, École Normale de Chartres,
Page 5/Photo Claudine Huza Maréchal, Éditions Denoël,
Pages 6-7/Photo Jérôme Pecnard, École Normale de Chartres, page 6/ Doc.source,
page 7/ Photo Jérôme Pecnard, collection personnelle,
Pages 8-9/ Buste Marianne et Carte géographique, collection du Musée de l'École de Chartres,
Page 8/Photo Doisneau-Rapho,
Page 9/Photos Jérôme Pecnard, collection du Musée de l'École de Chartres,
Pages 10/11 Photo Jérôme Pecnard, collection du Musée de l'École de Chartres, collection Roger-Viollet,
Pages 12-13/Photos Jérôme Pecnard, collection personnelle,
Page 14/Photo Jérôme Pecnard, Musée de l'École de Chartres,
Page 15/ Objet Musée de Saint-Ouen-l'Aumone,
Pages 16-17/Photo Jérôme Pecnard, Musée de l'École de Chartres,
Pages 18/19 Photo Thierry Lefébure, photo Roger-Viollet, photo Musée de Rouen, Jérôme Pecnard, collection personnelle et document Henri Mérou,
Page 20-21/Photos Jérôme Pecnard, collection du Musée de l'École de Chartres et objets du Musée de St. Ouen l'Aumone,
Page 22-23/Photo Musée de Rouen, photos Jérôme Pecnard, Musée de l'École de Chartres, collection Henri Mérou,
Pages 24-25/Photos Jérôme Pecnard, collection du Musée de l'École de Chartres,
Pages 26-27/Photo Jérôme Pecnard, collection du Musée de l'École de Chartres,
Pages 28-29/Photos Jérôme Pecnard, collection du Musée de l'École de Chartres, document Henri Mérou,
Pages 30-31/Photo Jérôme Pecnard, collection personnelle,
Page 32/Photo Jérôme Pecnard, collection personnelle, photo Edouard Boubat, photo Rapho et photo Roger-Viollet,
Page 33/Photo Jérôme Pecnard, collection du Musée de l'École de Chartres,
Pages 34-35/Photos Robert Doisneau - Rapho,
Page 36-37/Photos Roger-Viollet et billes Musée de Saint-Ouen-l'Aumone,
Page 38/Photo Robert Doisneau - Rapho,
Page 39/Photo Robert Doisneau - Rapho et photos objets Jérôme Pecnard,collection personnelle,
Page 40/Photos Jérôme Pecnard, collection personnelle,
Page 41/Photo de fond J. Mainbourg-Rapho, photo de premier plan INRP Musée National de l'Éducation et photo du cahier Jérôme Pecnard, collection du Musée de l'École de Chartres,
Pages 42-43/Photos d'objets Jérôme Pecnard, collection du Musée de l'École de Chartres, photo de fond Robert Doisneau - Rapho ,
Pages 44-45/Photos d'objets Jérôme Pecnard, collection du Musée de l'École de Chartres, photo collection Roger-Viollet,
Pages 46-47/Photo Roger-Viollet, photos d'objets Jérôme Pecnard, collection personnelle,
Pages 48-49/Photos source et photos d'objets Jérôme Pecnard et Ray Wilson pour les dominos, collection du Musée du Bonbon d'Uzès, photo Magnum,
Pages 50-51/Photo Musée de Rouen et natures mortes Jérôme Pecnard, photos INRP et J.P Charbonnier/ agence Top ,
Pages 52-53/Photo Roger-Viollet, photos source et montre-gousset Jérôme Pecnard, collection personnelle,
Pages 54-55/photo Roger-Viollet et photos objets Jérôme Pecnard, collection personnelle,
Page 56/Photos objets Jérôme Pecnard, collection personnelle, et planche collection du Musée de l'École de Chartres, billes du Musée de St. Ouen l'Aumone,
Page 57/Photo L. Freed /Magnum,
Page 58/Photos objets Jérôme Pecnard, collection du Musée de l'École de Chartres,
Page 59/Photo Edouard Boubat,
Page 60/Photo Musée de Rouen, photos objets Jérôme Pecnard, collection du Musée de l'École de Chartres, boîte de peinture du Musée de Saint-Ouen-l'Aumone, dessin collection particulière,
Pages 62-63/Photo Willy Ronis - Rapho, objet Jérôme Pecnard, collection du Musée de l'École de Chartres, document Musée de Rouen,
Pages 64-65/Photos Jérôme Pecnard, collection personnelle,
Pages 66-67/Photo Robert Doisneau - Rapho, photo Jérôme Pecnard, collection personnelle,
Pages 68-69/Photos Jérôme Pecnard, collection personnelle, photo tableau Robert Doisneau - Rapho,
Pages 70-71/Photo Roger-Viollet, photos objets Jérôme Pecnard documents Henri Mérou,
Pages 72-73/Documents source, photos objets Jérôme Pecnard, photo collection Musée de Rouen,
Pages 74-75/Photos objets Jérôme Pecnard, documents Henri Mérou,
Pages 76-77/Documents Henri Mérou, photos objets Jérôme Pecnard collection personnelle et documents collection du Musée de l'École de Chartres,
Pages 78-79/Photos objets Jérôme Pecnard,

collection personnelle et documents collection du Musée de l'École de Chartres,
Page 79/ Photo Edouard Boubat,
Pages 80-81/Document Thierry Lefébure, collection Musée de l'École de Chartres, photos objets Jérôme Pecnard, collection La Maison des Bonbons,
Page 81/ photo Edouard Boubat,
Page 82/Document Henri Mérou, photo confiserie Ray Wilson collection du Musée du Bonbon d'Uzès,
Page 83/Photo Robert Doisneau - Rapho,
Page 84/Photo Rapho,
Page 85/Photo Robert Doisneau - Rapho,
Pages 86-87/Documents Henri Mérou, photos objets Jérôme Pecnard, collection personnelle,
Pages 88-89/Photo Edouard Boubat, photos objets Jérôme Pecnard, collection personnelle,
Pages 90-91/Photo Rapho, document Henri Mérou,
Pages 92-93/Document Henri Mérou, photos objets Jérôme Pecnard, collection Musée de Rouen et collection du Musée de l'École de Chartres,
Pages 94-95/Documents Henri Mérou photos objets Jérôme Pecnard, collection du Musée de l'École de Chartres et collection La Maison des Bonbons,
Pages 96-97/Document Musée de Rouen, photos objets Jérôme Pecnard, photo Musée de Rouen,
Pages 98-99/Photo HenriCartier-Bresson/Magnum, nature morte Jérôme Pecnard,
Pages 100-101/Documents Henri Mérou, photos objets Jérôme Pecnard, collection La Maison des Bonbons,
Pages 102-103/Documents source et objet J. Pecnard, photo Robert Doisneau-Rapho,
Pages 104-105/Documents source, photo objet Jérôme Pecnard, collection du Musée de l'École de Chartres, document musée de Rouen, photo Robert Doisneau - Rapho,
Pages 106-107/Document musée de Rouen, photos objets Jérôme Pecnard, collection du Musée de l'École de Chartres, photo Roger-Viollet,
Pages 108-109/Photo source et photo Jérôme Pecnard, document BCG, collection Bertrand Sinais et photo Roger-Viollet, Photo Thierry Lefébure
Pages 110-111/Documents Henri Mérou, photos objets Jérôme Pecnard, collection La Maison des Bonbons et collection du Musée de l'École de Chartres, documents Musée de Rouen,
Pages 112-113/Documents Musée de Rouen, photos objets Jérôme Pecnard , collection du Musée de l'École de Chartres,
Pages 114-115/Photos objets Jérôme Pecnard, collection La Maison des Bonbons et collection du Musée de l'École de Chartres, photo Roger-Viollet,
Pages 116-117/Document Henri Mérou, photos objets Jérôme Pecnard, photo J.P. Charbonnier/agence Top,
Pages 118-119/Photo Roger-Viollet, collection du Musée de Rouen, photo objets Jérôme Pecnard, photo Paul Almasy/AKG,
Pages 120-121/Photo Edouard Boubat, objets Jérôme Pecnard,
Pages 122-123/Documents source et confiserie photo Ray Wilson, Musée du Bonbon d'Uzès et photo René Burri, Magnum, photo objets Jérôme Pecnard,
Pages 124-125/Documents source et photo Roger-Viollet, photo objets Jérôme Pecnard, collection personnelle,
Pages 126-127/Photos Musée de Rouen, photo objets Jérôme Pecnard, collection personnelle et confiserie collection La Maison des Bonbons,
Pages 128-129/Collection Musée de Saint-Ouen-l'Aumone, photo protège cahier Jérôme Pecnard, collection du Musée de l'École de Chartres, photo Robert Doisneau - Rapho, photo objet J. Pecnard, collection personnelle,
Pages 130-131/Photo Roger-Viollet, photo objet Jérôme Pecnard, collection personnelle, photo Edouard Boubat,
Pages 132-133/Documents Bertrand Sinais, photos Roger-Viollet, photo objet Jérôme Pecnard, collection personnelle,
Pages 134-135/Photo S. Fournier - Rapho, photo stylo collection Musée de St. Ouen l'Aumone et médaille, collection du Musée de l'École de Chartres, photo Robert Doisneau - Rapho et photo INRP Musée National de l'Éducation,
Pages 136-137/Photo principale A-P. Neyrat - Rapho, objets Jérôme Pecnard, collection du Musée de l'École de Chartres et document Henri Mérou,
Pages 138-139/Photo principale P. Almasy/AKG, documents source et objets Jérôme Pecnard, collection personnelle,
Pages 140-141/Documents source et objets, Jérôme Pecnard, collection personnelle,
Pages 142-143/Documents source et objet Jérôme Pecnard, collection personnelle,
Pages 144-145/document Henri Mérou et objets Jérôme Pecnard, collection personnelle, photo Roger-Viollet,
Pages 146-147/Photos Jérôme Pecnard, collection du Musée de l'École de Chartres, photo Roger-Viollet,
Pages 148-149/Document source, collection Henri Mérou et confiserie Ray Wilson, Musée du Bonbon d'Uzès, photo Doisneau - Rapho, objet Jérôme Pecnard,
Pages 150-151/Document collection du Musée de l'École de Chartres, et confiserie Ray Wilson, Musée du Bonbon d'Uzès, photo ADR,
Pages 152-153/Documents et tampon-buvard collection Musée de St. Ouen l'Aumone et cahier de maître collection du Musée de l'École de Chartres, fac-similé lettre de Albert Camus, BN.
Pages 154-155/Objet Jérôme Pecnard, collection personnelle, page droite photo Edouard Boubat,
Pages 156-157/Objet Jérôme Pecnard, collection du Musée de l'École de Chartres et collection personnelle, confiserie Ray Wilson, Musée du Bonbon d'Uzès, page droite photo G. Monico-Rapho,,
Pages 158-159-160/Objets Jérôme Pecnard, collection personnelle.
Pages de garde Photo Edouard Boubat.

Jérôme Pecnard, collection du Musée de l'École de Chartres et collection personnelle de l'auteur, confiserie Ray Wilson, Musée du Bonbon d'Uzès, page droite photo DR.

Œuvres citées

Mémoires d'élèves, sur une idée de Jean-Pierre Guéno, Editions Flohic, 1996
Enfance, Nathalie Sarraute, Gallimard, 1983
Bonheur d'enfance, Christian Signol, Albin Michel, 2000
Chaque jour est un Adieu, Alain Rémond, Le Seuil, 2000
Le Temps des amours, Marcel Pagnol, œuvres complètes, tome 3, Fallois, 1995
La Violence à l'école, Michel Serres, conversation avec Bernard Defrance, Syros-Alternatives, 1992
Le Chahut, Chantal-Cambronne-Desvignes, Editions le bord de l'eau, 2001
Terres froides, Yves Bichet, Fayard, 1999
Le Premier Homme, Albert Camus, Gallimard, 1994
Histoire d'enfant, Peter Handke, Gallimard, 1989

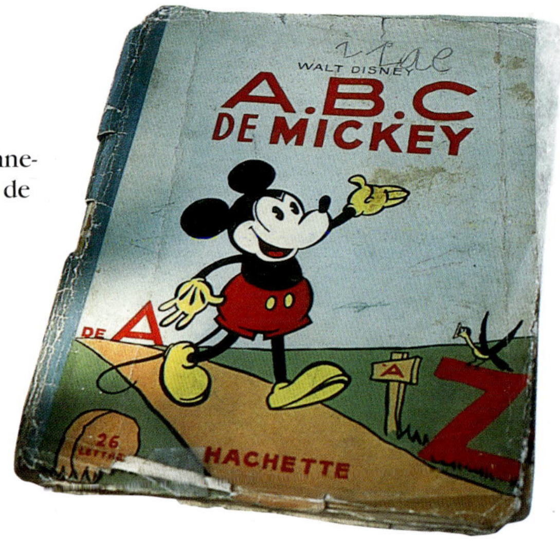

Remerciements

L'opération " Mémoire de maîtres, Paroles d'élèves " doit beaucoup à la collaboration de Laurent Beccaria, d'Isabelle Dubois, de Laurence Corona, d'Hélène Amalric, de Rachel Grunstein, d'Anouchka Krygelmans, de Chantal Rey, de Nathalie Chapuis, de Carole Leray, de Marc Lecarpentier, de Pascal Ruffenach, d'Alain Rémond et d'Yves Bichet. Elle n'aurait jamais pu avoir été réalisée sans le concours des Ateliers de création des Locales de France BLEU et de leur directeur Yves Laplume, des radios locales de France BLEU, de France Inter, de France Info, de France Culture, de France Musiques, et du Mouv' qui ont relayé les appels de Radio France. Elle a été largement soutenue par le festival de la Correspondance de Grignan, par Jean-Luc Flohic, ainsi que par l'ensemble des auditeurs de Radio France et des lecteurs de Télérama ou du Pélerin-Magazine qui nous ont envoyé des lettres.
Il convient également de remercier Brigitte Dancel pour sa connaissance des collections du Musée de l'Euducation de Rouen, Henri Mérou et ses innombrables cahiers, Bertrand Sinais pour ses collections de timbres BCG, Madame Daloz, de la confiserie la " Maison des Bonbons ", Corinne Monteil responsable du Musée du Bonbon à Uzès, et la Société Haribo France, pour leur prêts de confiseries ou d'iconographie des années 50 et 60.

Une version de " Mémoire de maîtres, paroles d'élèves " a été spécialement écrite par Jean-Pierre Guéno et mise en scène par Didier Long. Elle a fait l'objet d'une représentation théâtrale qui composait la soirée d'ouverture du festival de la Correspondance à Grignan, le 5 juillet 2001, avec dans les quatre rôles de lecteurs Macha Méril, Nathalie Cerda, Eric Boucher et Pierre Richard.

Achevé d'imprimer
Cet ouvrage a été achevé d'imprimer en octobre 2001
sur les presses de Arte Graphica à Vérone (Italie)
La photogravure a été réalisée par Goustard à Clamart
et la fabrication a été suivie par Octavo à Paris.
Dépot légal octobre 2001